科技成果转化政策在高校的传导逻辑
现实、理论与实证

陈红喜 姜 春 袁 瑜 著◎

东南大学出版社
SOUTHEAST UNIVERSITY PRESS
·南京·

图书在版编目(CIP)数据

科技成果转化政策在高校的传导逻辑:现实、理论与实证 / 陈红喜,姜春,袁瑜著. — 南京:东南大学出版社,2022.11
　ISBN 978-7-5766-0357-6

　Ⅰ.①科… Ⅱ.①陈… ②姜… ③袁… Ⅲ.①高等学校—科技成果—成果转化—科技政策—研究—中国 Ⅳ.①G644②F124.3

中国版本图书馆 CIP 数据核字(2022)第 227006 号

| 责任编辑:张慧芳 | 责任校对:张万莹 | 封面设计:毕 真 | 责任印制:周荣虎 |

科技成果转化政策在高校的传导逻辑:现实、理论与实证
Keji Chengguo Zhuanhua Zhengce zai Gaoxiao de Chuandao Luoji:
Xianshi、Lilun yu Shizheng

著　　者	陈红喜　姜　春　袁　瑜
出版发行	东南大学出版社
出版人	白云飞
社　　址	南京市四牌楼 2 号(邮编:210096　电话:025 - 83793330)
经　　销	全国各地新华书店
印　　刷	广东虎彩云印刷有限公司
开　　本	700 mm×1000 mm　1/16
印　　张	12.5
字　　数	245 千字
版　　次	2022 年 11 月第 1 版
印　　次	2022 年 11 月第 1 次印刷
书　　号	ISBN 978-7-5766-0357-6
定　　价	68.00 元

本社图书若有印装质量问题,请直接与营销部联系,电话:025 - 83791830。

前言

创新是驱动引领高质量发展的第一动力,党的十九届六中全会上通过的《中共中央关于党的百年奋斗重大成就和历史经验的决议》中指出,党坚持实施创新驱动发展战略,把科技自立自强作为国家发展的战略支撑,健全新型举国体制,强化国家战略科技力量,加强基础研究,推进关键核心技术攻关和自主创新,强化知识产权创造、保护、运用,加快建设创新型国家和世界科技强国。"十三五"以来,我国科技实力和创新能力大幅提升,世界知识产权组织发布的"全球创新指数"显示,我国的排名从2015年的第29位跃居到2021年的第12位,在多个创新领域实现重大突破,迈入创新型国家行列。但是科技领域仍然存在一些亟待解决的突出问题:高质量科技成果供给的能力还不够强,对产业链、供应链的支撑能力还不够,科技成果转移转化成效还需进一步提升。

十八大以来,国家密集出台了多项促进科技成果转化的政策,而其中推动高校的科技成果转化为生产力、增强高质量科技供给,是科技成果转化政策的主要着力点。2021年12月24日,《中华人民共和国科学技术进步法》由第十三届全国人民代表大会常务委员会第三十二次会议修订通过,自2022年1月1日起施行,其中关于科技成果转化的内容有较大的扩展,主要内容包括:促进基础研究与应用研究、成果转化融通发展;促进创新链产业链深度融合;鼓励科学技术研究开发机构、高等学校加强共性基础技术研究;加强科技成果中试、工程化和产业化开发及应用,加快科技成果转化为现实生产力;利用财政性资金设立的科学技术研究开发机构和高等学校,应当积极促进科技成果转化,加强技术转移机构和人才队伍建设,建立和完善促进科技成果转化制度;鼓励企业、科学技术研究开发机构、高等学校和其他组织建立优势互补、分工明确、成果共享、风险共担的合作机制,按照市场机制联合组建研究开发平台、技术创新联盟、创新联合体等,协同推进研究开发与科技成果转化,提高科技成果转移转化成效等。

高校是科技成果的重要供给侧,应在加速科技成果转化、服务经济社会发展中发挥重要作用。政府制定的科技成果转化政策需要通过具体的政策工具对政策对象施加影响,通过传导过程的各个环节来影响高校科技成果产出,以达到提升科技成果转化成效的目的。传导机制是连接政策工具到转化为实际生产力的路径。《中国科技成果转化 2021 年度报告(高等院校与科研院所篇)》指出,2020 年高校院所科技成果转化活动持续活跃,科技成果转化推动工作取得明显进展和成效,但仍然存在科技成果转化相关政策有待进一步协同落实、复合型转移转化人才欠缺等问题。现有科技成果转化政策落实不到位,科技成果转化政策存在传导上的"堵点",这是影响成果转化政策充分发挥激发作用的阻滞因素。在既有科技成果转化体系基本建立的情况下,政策在高校层面的传导机制呈现何种图景?为何中央、地方各层面出台的一揽子科技成果转化政策在作用于高校等微观主体时存在后续乏力问题?针对高校科技成果转化中的"肠梗阻"现象,怎样畅通政策最后一公里的"涓涓细流",以此克服政策效能递减的阻碍?

  本书以阐述科技成果转化政策在高校的传导机制为研究主线,遵循"概念界定→问题透视→因素分析→模型构建→博弈分析→机制阐释→实证分析→政策设计"的基本逻辑与思路,探寻既有科技成果转化政策在高校场域传导的"最后一公里"。在界定本书的基本概念基础上,对国内外科技成果转化政策的研究学术史进行系统梳理与评述,勾勒出该研究主题的知识图谱,说明本书的研究方向,确定了研究目标和内容;继而,选取在宁 24 所高校为研究对象,对科技成果转化现状及基本问题进行描述性分析,力图多维度展示高校科技成果转化全貌,透视既有科技成果转化的瓶颈与问题,指出政策在高校场域传导阻滞的症结所在;通过政府与高校博弈分析,找出影响政策传导的阻滞因素;围绕传导阻滞的问题,尝试运用扎根理论方法,构建科技成果转化政策在高校传导的影响因素及传导作用机制模型,并展开理论阐释,通过问卷调查收集数据并进行实证检验,验证传导路径的存在,探寻传导中影响有效性的关键因素,提出若干反阻滞策略。本书的研究以期为丰富科技成果转化政策传导理论研究、畅通科技成果转化政策在高校的真正"落地"提供理论和实践参考。

  本书是集体智慧的结晶,陈红喜负责总体策划、框架设计和内容审定,姜春和袁瑜参与了书稿的撰写。此外,课题组陆珂珂、王金龙、俞苏洋、高峰、于淳馨、郝世甲、陈涛涛、关聪、宋瑞、陈晓歌、颜廷远、李佳楠等老师和研究生也参与了该书相关的编写工作。另外,还要感谢东南大学出版社的编辑,为本书的出版做了大量细致的工作。该书也是江苏省科技成果转化 JMRH 发展政策评估中心的阶段性成果之一。

  由于笔者认识水平和人力、时间、精力的限制,书中难免有不妥之处,敬请广大读者指正。

目 录

| 第1章 | 绪论 | 001 |

1.1 研究背景与意义 ………………………………………………… 002
    1.1.1 研究背景 …………………………………………………… 002
    1.1.2 研究意义 …………………………………………………… 004

1.2 研究框架、方法与技术路线图 ………………………………… 006
    1.2.1 研究对象 …………………………………………………… 006
    1.2.2 研究框架 …………………………………………………… 006
    1.2.3 研究方法 …………………………………………………… 007
    1.2.4 技术路线图 ………………………………………………… 009

1.3 理论基础与概念界定 …………………………………………… 010
    1.3.1 政策传导相关理论基础 …………………………………… 010
    1.3.2 核心概念界定 ……………………………………………… 012

| 第2章 | 文献综述 | 017 |

2.1 文献时间与数量分布 …………………………………………… 018

2.2 区域特征分布 …………………………………………………… 019

2.3 重要作者及观点 ………………………………………………… 021
    2.3.1 国外相关研究的重要作者共被引知识图谱 ……………… 021
    2.3.2 国内相关研究的高产作者分析 …………………………… 023

2.4 研究热点分布 …………………………………………………… 025
    2.4.1 国外相关研究的研究热点 ………………………………… 025
    2.4.2 国内相关研究的研究热点 ………………………………… 027

2.5 研究前沿分布 ·· 028
   2.5.1 国外相关研究的研究前沿 ···················· 028
   2.5.2 国内相关研究的研究前沿 ···················· 031
2.6 研究评述及问题提出 ································ 034

第3章 科技成果转化政策的演化脉络分析 ············ 037

3.1 科技成果转化政策变迁的阶段性表征分析 ········ 038
   3.1.1 科技成果转化政策体系的起步阶段(1980—1984) ·· 038
   3.1.2 科技成果转化政策体系的建立阶段(1985—1994) ·· 039
   3.1.3 科技成果转化政策体系的突破发展阶段(1995—2004) ·· 040
   3.1.4 科技成果转化政策体系的深化改革阶段(2005—2014) ·· 041
   3.1.5 初步形成促进科技成果转化的政策体系(2015—2018) ·· 042
   3.1.6 科技成果转化政策体系的系统化完善阶段(2019年至今) ·· 044

3.2 我国科技成果转化政策体系的构成与结构特征 ···· 046
   3.2.1 政府资助政策的结构与特征 ················ 046
   3.2.2 权益归属政策的结构与特征 ················ 047
   3.2.3 奖励政策的结构与特征 ···················· 048
   3.2.4 税收政策的结构与特征 ···················· 050

3.3 政策网络对我国科技成果转化政策变迁的影响 ···· 053
   3.3.1 我国科技成果转化政策的政策网络主体构成 ········ 053
   3.3.2 政策网络主体对政策变迁的影响 ············ 056
   3.3.3 政策网络互动对政策变迁的影响 ············ 059

目 录

第4章 高校科技成果转化的现状和问题：基于24所高校的深度调查 …… 061
4.1 高校科技成果转化评价维度设定 ……………………………… 062
4.1.1 评价维度选择 …………………………………………… 062
4.1.2 评价维度设定原则 ……………………………………… 063
4.2 高校科技成果转化现状分析 …………………………………… 064
4.2.1 科技创新投入 …………………………………………… 064
4.2.2 科技成果转化平台 ……………………………………… 073
4.2.3 科技成果产出 …………………………………………… 077
4.2.4 科技成果转化效果 ……………………………………… 081
4.3 科技成果转化面临的基本问题 ………………………………… 085
4.3.1 转移转化的动力供给 …………………………………… 085
4.3.2 高等教育领域的改革力度 ……………………………… 088
4.3.3 技术转移体系的健全程度 ……………………………… 091
4.3.4 创新主体的承接能力 …………………………………… 094
4.4 本章小结 ………………………………………………………… 098

第5章 科技成果转化政策在高校的传导模型构建 ………………………… 101
5.1 政策传导系统构架 ……………………………………………… 102
5.1.1 传导主客体 ……………………………………………… 102
5.1.2 传导载体 ………………………………………………… 103
5.1.3 传导环境因素 …………………………………………… 104
5.1.4 传导系统构架 …………………………………………… 107
5.2 基于扎根理论的传导模型构建 ………………………………… 108
5.2.1 研究设计 ………………………………………………… 108
5.2.2 范畴提炼 ………………………………………………… 110
5.2.3 模型检验 ………………………………………………… 114
5.3 本章小结 ………………………………………………………… 116

第6章 科技成果转化政策在高校传导中的博弈分析 ... 117
- 6.1 博弈主体分析 ... 118
- 6.2 政府与高校非合作博弈 ... 119
  - 6.2.1 博弈模型假设 ... 119
  - 6.2.2 政府与高校博弈分析 ... 120
  - 6.2.3 博弈结果分析 ... 123
- 6.3 政府与高校合作博弈 ... 124
  - 6.3.1 政策使命指引下的博弈分析 ... 125
  - 6.3.2 政策动力供给和推进阶段的博弈分析 ... 127
  - 6.3.3 政策传导执行阶段的不平等博弈分析 ... 128
- 6.4 本章小结 ... 130

第7章 科技成果转化政策在高校的传导机理 ... 131
- 7.1 政策使命指引传导阶段 ... 132
- 7.2 传导动力供给阶段 ... 133
  - 7.2.1 决策偏好 ... 133
  - 7.2.2 外部支持 ... 134
- 7.3 螺旋推进传导阶段 ... 135
  - 7.3.1 内部管理 ... 135
  - 7.3.2 评价导向 ... 136
- 7.4 传导执行行为选择阶段 ... 137
- 7.5 本章小结 ... 137

第8章 科技成果转化政策在高校的传导实证 ... 139
- 8.1 研究假设 ... 140
- 8.2 变量选择与测量 ... 141
  - 8.2.1 政府政策变量的测量 ... 141
  - 8.2.2 高校科技成果转化绩效变量的测量 ... 141
  - 8.2.3 高校行为变量的测量 ... 142

8.3 问卷发放与数据收集 ·········· 142
　8.3.1 问卷的发放与回收 ·········· 142
　8.3.2 数据描述性统计 ·········· 143
　8.3.3 问卷的信度效度检验 ·········· 144
8.4 结构方程模型构建与分析 ·········· 146
　8.4.1 结构方程模型构建 ·········· 146
　8.4.2 传导路径的检验 ·········· 146
　8.4.3 结果分析 ·········· 148
8.5 本章小结 ·········· 148

第9章 科技成果转化政策在 A 高校传导的案例研究 ·········· 149
9.1 A 高校科技成果转化的基本情况 ·········· 150
9.2 科技成果转化政策在 A 高校的传导路径 ·········· 151
　9.2.1 界定系统边界 ·········· 151
　9.2.2 构建系统动力学流图 ·········· 152
9.3 科技成果转化政策在 A 高校的传导有效性及影响因素分析 ·········· 154
　9.3.1 数据处理与变量赋值 ·········· 154
　9.3.2 政策仿真分析 ·········· 155
9.4 本章小结 ·········· 160

第10章 提升科技成果转化政策传导有效性的对策建议 ·········· 161
10.1 高校层面 ·········· 162
　10.1.1 强化高校价值使命 ·········· 162
　10.1.2 加强政策宣传广度力度 ·········· 163
　10.1.3 推动组织内部改革 ·········· 163
　10.1.4 强化创新型人才培养 ·········· 163
10.2 政府层面 ·········· 164
　10.2.1 完善政策协调机制 ·········· 164
　10.2.2 完善风险防控机制 ·········· 164

10.2.3 完善创新激励机制 ………………………………… 165
10.2.4 完善绩效评估机制 ………………………………… 165
10.2.5 推进科技与金融的深度融合 …………………………… 165
10.3 社会层面 …………………………………………………… 166
10.3.1 加快新型研发机构混合所有制建设 ………………… 166
10.3.2 推行科技成果第三方评价行业标准 ………………… 167
10.3.3 孕育出技术转移专业化服务新模式 ………………… 168

第 11 章 总结与展望 ……………………………………………… 169
11.1 主要研究结论 ………………………………………………… 170
11.1.1 科技成果转化政策在高校传导的"肠梗阻"依然存在
 ……………………………………………………………… 170
11.1.2 影响科技成果转化政策在高校传导的因素复杂多样
 ……………………………………………………………… 170
11.1.3 从政策属性到政策执行间还存在一个传导过程 …… 171
11.1.4 在政策传导阶段中各主要因素交互作用 …………… 171
11.1.5 需加强政策认知协调并强化高校的主动行为 ……… 171
11.2 研究展望 …………………………………………………… 172

参考文献 …………………………………………………………… 173

附录 ………………………………………………………………… 184
附录 1 我国科技成果转化政策体系框架 …………………… 184
附录 2 科技成果转化调查问卷 ……………………………… 185

后记 ………………………………………………………………… 189

第1章

绪论

1.1　研究背景与意义

1.1.1　研究背景

创新是引领发展的第一动力已成为各界共识。党的十八大以来,以习近平同志为核心的党中央把握世界发展大势,实施创新驱动发展战略,建设科技强国。十年来我国科技事业发生了历史性、整体性、格局性重大变化,迈入创新型国家行列,中国全社会研发投入从2012年的1.03万亿元增长到2021年的2.79万亿元,研发投入强度从1.91%增长到2.44%,科技进步贡献率超过60%。根据世界知识产权组织发布的全球创新指数排名,我国从2012年的第34位上升到2021年的第12位,开启了推进高水平科技自立自强、建设科技强国的新阶段。

立足新的发展阶段,必须深入实施创新驱动发展战略,打通科技强到经济强的发展通道,推动中国经济由高速增长向高质量发展阶段转变。而释放创新驱动经济发展的原动力,离不开科技成果转化,只有通过科技成果向现实生产力的转化,才能推动科技发展和经济社会发展的深度融合。高校科技成果转化能有效化解创新型人才培养、科技创新供给与经济社会发展之间的深层次结构性矛盾,正成为服务国家创新驱动发展战略的重要一极。换言之,必须加强科技供给侧结构性改革,增强科技创新支撑能力,发挥高校作为科技创新的源头、高新技术成果的生力军作用,破除科技成果向现实生产力转化不力、不顺、不畅难题,进一步提高供给体系质量与效率。

新时代的高等教育催唤着高校走向经济社会中心,实现在全域发展中的角色定位从"被动辅助支持"转向"主动引领同步"。围绕培育良好的创新生态、促进科技成果转化的理念,中国出台了丰富且较为完备的科技成果转化政策。历经起步、建立、突破发展、深化改革四个阶段,进入强化落实的新时期,已经初步形成促进科技成果转化的政策法规体系。政策目标更加聚焦科技创新的"三个面向"[①];政策

---

① 科技创新"三个面向",它源于2014年习近平总书记对《中国科学院"率先行动"计划暨全面深化改革纲要》的批示,并在2016年全国科技创新大会上得到详尽论述。"三个面向"意指,实现中国自主创新能力提升,就要求也必然需要科技事业面向世界科技前沿、面向经济主战场、面向国家重大需求,加快以科技创新为引领的各领域全面创新。

作用对象涵盖各层次高校院所、重点研究领域、科研工作者、创新创业载体、示范区;政策工具趋于多元化和灵活性,收益与权属并重,税收优惠与综合奖补交叉。但从科技成果转化政策效果来看,科技与经济"两张皮"的痼疾久治不愈,表现在:高校专利运用水平有待进一步提升。根据统计显示,我国科研院所的有效专利实施率为38.0%,而高校的有效专利实施率仅为13.8%。高校和科研院所存在大量"沉睡专利"。高校科技成果转化服务体系碎片化,政产学研用协同创新未充分释放合力,高校科技创新能力与产业耦合驱动机制不够完善,知识溢出能力、科技创新型效率与企业吸纳运用能力匹配仍存在错位。从需求侧来看,市场化转化机制亟须强化,企业吸纳并运用科技成果的能力不足、动力不强。《2020年全国科技经费投入统计公报》数据显示,2020年规模以上工业企业研究与试验发展经费投入强度(与营业收入之比)仅为1.41%,与美国、日本等科技强国比仍然较低。

当然,若基于技术成熟度(Technology Readiness Level,TRL)视角审视科技成果转化环节,则更为清晰。按照技术成熟度可将科技成果的转化阶段划分为四个阶段:基础研究、应用研究、技术发展、产品定型与工程化开发。在科技成果转化过程中,各类科研人员多集聚在创新链条的前端,擅长科学探索、概念验证等基础研究或应用基础研究活动(即 $TRL \leqslant 3$),较少关心科研成果的实用性以及如何促进成果的转化及产品化后续活动;在市场经济条件下,企业作为"理性经济人"会自然性地选择较为成熟的应用类技术成果(即 $TRL \geqslant 7$),很少或者不会触碰未在实际运行环境下经验证的科研成果,由此导致 $4 \leqslant TRL \leqslant 6$ 级之间的科技创新活动地带成为科技成果转化的"死亡之谷"[①](Valley of Death)(如图1-1所示)。随着知识经济的迅猛发展,科技与经济的深度融合已成为推动发展的核心引擎。这势必要求科研活动走出相对静态的知识创新和技术研究领域,打破科技与经济的界线,瞄准产业发展关键技术问题,开展集科学研究、技术研发、成果应用与产业化于一体的工作。特别是在技术研发复杂性程度加大、研发费用投入增多的客观现实面前,企业等技术接收方在降低交易成本、提高产品研发效率和市场逐利的本能诉求下,为获取组织发展的比较优势,就必然将触角延伸至科研领域,直接、有效地获取可供使用的产业技术等。

由此可以发现科技创新链条不够完整与完善,创新与转化乃至产业化等诸多环节尚不够紧密。进一步说,制约瓶颈集中在从科学到技术的转化环节,这个环节科技供给者——高校院所不愿做,技术需求方——企业难以完成,自然造成科技成果转化"肠梗阻"顽疾。

---

① 该观点由美国弗农·埃勒斯(Vernon Ehlers)于1998年提出。

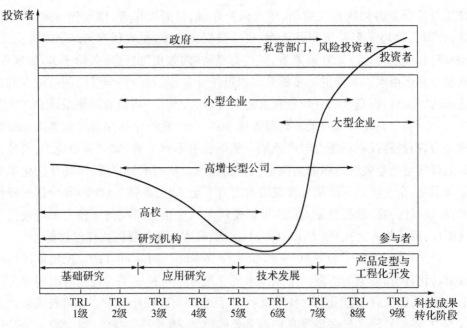

图1-1 基于技术成熟度的科技成果转化各阶段及科技创新"死亡之谷"①

由此发现,实践中科技与经济"两张皮"的局面尚未得到根本解决,高校科技成果转化的突出问题仍然存在。为何中央、地方各层面连续出台一揽子科技成果转化政策在作用于高校等微观主体时存在后续乏力问题?这其中的一个重要原因是科技成果转化政策传导机制受堵、渠道不畅,其政策的扩张效应、乘数效应得不到充分、及时和有效发挥,改革利好政策真正"落地"困难。打通政策落实的"最后一公里",识别政策在高校层面存在传导阻滞的影响因素,并精准疏导,为科技成果转化政策在高校落地生根、加速高校科技成果转化提供建议和实践指引尤为紧迫。

1.1.2 研究意义

(1) 理论意义

第一,科技成果转化政策在高校传导的 MPSB 理论模型丰富了科技创新理论本土化研究。科技创新相关理论,特别是"科技成果转化"这一主题是舶来品,在引进、再研究过程中还存在理论研究与中国科技创新实践之间的不适应症。本书选取扎根理论质性研究方法,扎根本土高校情境,通过一手深度访谈和反复补充材

---

① 笔者在绘制该图的过程中,综合参考了美国航空航天局发布的《TRL 白皮书》(1995)以及 K. Stephen 的部分观点(成果)。

料,归纳和提炼高校对政策采取行为的内在逻辑,抽象出概念理论模型,探寻了科技成果转化政策在高校传导的独特路径。

第二,科技成果转化政策传导效应测度的高校视角对深化公共政策执行理论具有启发意义。公共政策是形成系列制度安排的转动轴,一直以来都是政策科学研究所关注的焦点。公共政策制定目标到现实形态目标之间的置换过程是非直线性的,这种政策传导的层级性、政策利益相关者多元参与及目标多属性等特征,影响着政策在由宏观场域、中观场域直至微观场域传送过程中,随着信息不对称、政策弹性地带、博弈偏好等内外部因素交织而逐级放大"政策调控距离",多重逆向选择必然酿成政策执行的"碎片化"悲剧。本书与一般性的政策执行的"自上而下"研究视角相对应,从微观群体层面——高校"自下而上"看待政策传导效果,发掘政策执行的可能性堵点、盲点与缺口,对于完善科技成果转化的政策创新研究和推进公共政策执行中国经验的理论完善具有一定的启发性。

(2) 实践意义

第一,完善科技成果转化政策在高校传导的"最后一公里"是加快科技体制机制改革的催化剂。科技创新的支撑能力从未像今天这样受到社会各界的热切关注。科技成果转化政策的"肠梗阻"问题也可谓"老生常谈"。现有关于《国家技术转移体系建设方案》《高校科技成果转移转化行动方案》等科技成果转化政策的"四梁八柱"已基本建立,科技体制机制改革进入深水期,改革的主力多在基层,改革的动力多在市场需求端,科技创新的活力多在人才。换言之,科技成果转化政策在高校的传导阻滞问题研究聚焦了科技体制改革的"硬核",对于激发高校科技创新人才活力、优化科研管理环境、推动高校科技成果转化和促进产学研各类主体创新发展具有多重意义,对丰富政策末端的"涓涓细流"具有建设性作用。

第二,研究高校科技成果转化有助于加快高水平大学建设和高等教育内涵式发展。高等教育"常态化"发展要求高校必须面向经济社会主战场,发挥科技创新策源地作用,加强科技供给。本书基于一个现实:步入新时代,产业转型升级、发展动能转换是经济社会发展的主要航标,科技成果研发与转化由高校辅助性供给变为以企业为主体的市场需求驱动,这一转变带来高校发展定位、发展方式与发展动力的全方位变革。本书旨在聚焦破除政策传导的"肠梗阻"魔咒,试图为化解科技与经济"两张皮"这个困扰我国创新型国家建设的痼疾提供启发与思考。通过对科技成果转化政策在高校传导阻滞及反阻滞的研究,可以加快高校学科内涵式发展、创新型人才培养及重大科技成果转化应用,对增强高校服务前沿科技创新、国家重大发展战略与经济社会主战场具有基础性意义。

1.2 研究框架、方法与技术路线图

1.2.1 研究对象

本书以阐述科技成果转化政策在高校的传导机制为研究主线,遵循"概念界定→问题透视→因素分析→模型构建→博弈分析→机制阐释→实证分析→政策设计"的基本思路,探寻畅通科技成果转化政策在高校的传导路径,完善既有科技成果转化政策在高校场域的"最后一公里"。具体研究思路为:首先,在梳理科技成果转化政策国内外相关研究动态基础上,对科技成果转化政策传导的基本问题进行阐释,以明确科技成果转化政策面临的客观现状;其次,基于问题导向,展开对科技成果转化政策在高校场域的研究设计,明确本书适宜的研究方法、调研对象等;再次,研究科技成果转化政策在高校传导阻滞的理论模型,利用质性研究方法对潜在因素进行编码分析,构建理论抽象模型;通过政府与高校博弈分析,找出影响政策传导的阻滞因素,研究科技成果转化政策在高校传导的影响因素及作用机制;通过问卷调查收集数据进行实证检验,验证传导路径的存在,探寻传导中影响有效性的关键因素;基于以上研究,试图为提升科技成果转化政策在高校传导的效能提出若干建议。

遵循本书的研究思路,研究对象主要包括五个方面:一是科技成果转化的现状及基本问题;二是科技成果转化政策在高校传导的理论模型构建;三是科技成果转化政策在高校传导的影响因素及作用机制分析;四是科技成果转化政策在高校传导的实证及案例分析;五是提升科技成果转化政策在高校传导效能的策略。

1.2.2 研究框架

本书的研究框架设置如下:首先,对科技成果转化政策相关概念进行界定,明确研究思路;其次,运用 CiteSpace 可视化分析方法对科技成果转化及其政策的相关文献进行梳理,窥探该领域研究的进展及趋势;再次,基于对在宁 24 所高校的调研,主要从科技创新投入、成果转化平台、科技成果产出、科技成果转化效果及面临的问题等 5 个维度对高校科技成果转化的现状及基本问题进行剖析;然后展开对在宁 24 所高校的质性研究,力图构建科技成果转化政策在高校传导的抽象理论模型;通过政府与高校博弈分析,找出影响政策传导的阻滞因素,进而对已构建的理

论模型进行科技成果转化政策在高校传导的影响因素及作用机制阐释;最后,基于实证与案例研究成果,提出促进科技成果转化政策在高校传导的反阻滞策略。总体研究框架如图 1-2 所示。

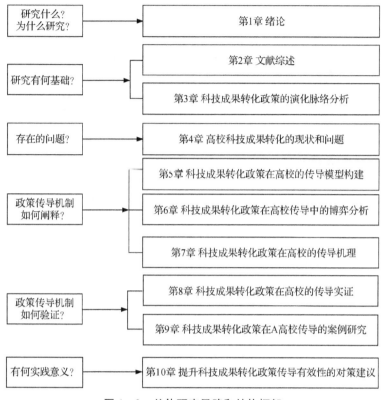

图 1-2 总体研究思路和结构框架

1.2.3 研究方法

（1）文献可视化计量法

该方法主要是借助 CiteSpace 等工具软件,通过在文献资料数据源（如 WOS 数据库、CNKI 数据库）中围绕特定研究主题展开对文献发文量、文献时间分布、学科所属领域、重要作者、研究热点、研究前沿等维度的表征化,绘制关于该研究主题的知识图谱。该方法被广泛应用于特定研究主题的文献综述研究。本书基于 WOS 数据库、CNKI 数据库,通过 CiteSpace 可视化分析科技成果转化政策在高校的传导机制这一研究主题的国内外研究进展及未来动态,这不仅有助于展开国内外对比研究,探讨研究差距与研究趋势,而且更易为本书研究视角的切入及后续研究提供经验参考。

(2) 扎根理论研究方法

扎根理论研究方法是国际社会科学界公认的科学的质性研究方法,适用于数据来源取材于实地观看、政策文本、调研访谈等的研究,通过系列层级编码及饱和度检验,构建抽象理论模型,对一般性事实进行有效的理论性阐释。本书对科技成果转化政策在高校传导的研究适合采用该研究方法。一是它能扎根本土高校情境,更好地揭示高校传导政策的内在机理以及与外界利益相关方的内在联系,有效解决了定量研究在政策文本外围徘徊不前,难以阐述政策具体传导的过程与障碍的困境。二是它通过一手深度访谈和反复补充材料,归纳和提炼高校对政策采取行为的内在逻辑,理解产生该行为的影响因素。三是它在对数据进行深入分析的过程中时刻保持理论的敏感性,通过理论抽样和对数据与理论的反复比较,实现对各类高校群体传导行为的定性材料与统计分析的结合,有助于进一步提炼共性,从而全面丰富了理论架构。本书通过个人深度访谈与重点团体访谈相结合、电话访谈与实地观看相结合的方式获取样本数据。主要以个人深度访谈或结合实地调研受访者148位,重点团体访谈(4~6人组)或结合实地调研受访者34位,另外30位以电话访谈的形式进行,访谈结束后对音频资料进行整理,并依次编码记录,通过扎根理论法提炼形成科技成果转化政策传导模型。

(3) 内容分析法

内容分析法是一种重要的文献研究方法。运用内容分析法对现有的科技成果转化政策文本进行选择、分类和统计,通过比较分析、特征分析,深度挖掘科技成果转化政策的阶段性表征、主题及结构,从而理解政策主体在不同阶段的要求,把握科技成果转化政策的演化脉络,预测科技成果转化政策的发展趋势。

(4) 博弈分析法

博弈分析法通过模拟参与者的有限理性决策过程,来讨论决策主体的行为发生直接相互作用时的决策以及这种决策的均衡问题。该方法适用于本书中政府和高校这两个科技成果转化政策传导中的利益相关者的行为决策分析。通过文献研究和扎根访谈分析科技成果转化政策的传导机理,运用博弈工具进行利益相关者关系分析,识别政府和高校的决策策略及在各方的决策策略下博弈的不同结果,为政府制定高校积极实施科技成果转化的政策提供了有效的理论分析。

(5) 结构方程分析法

构建传导路径的实证模型,通过问卷调查收集数据,采用结构方程模型(SEM)来进行实证检验,以验证传导路径的存在,剖析传导路径上影响有效性的关键因素。

(6) 案例分析法

以A高校为案例,基于系统动力学建模思想构建了高校科技成果转化系统因果关系图,以此为基础得到以系统变量和动力学方程为系统运行支撑的高校科技成果转化系统动力学流图,结合 A 高校相关数据和实践,分别从提高政府科研经费投入、增加高校研究与试验发展(R&D)人员投入、提高利益分配机制因子、提高科技评价体系因子、提高科技风险补偿机制因子和增加科技服务人员数的角度进行仿真研究。

1.2.4 技术路线图

围绕研究主题"科技成果转化政策在高校的传导机制研究",本书在科学选择研究对象、确定研究框架及研究方法等之后,拟定了研究技术路线图(图 1-3)。

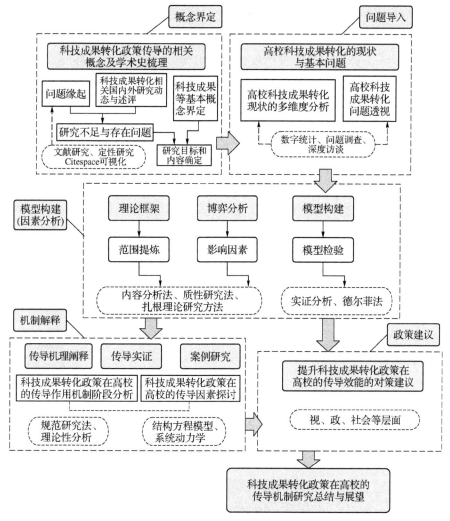

图 1-3 研究技术路线图

1.3 理论基础与概念界定

1.3.1 政策传导相关理论基础

(1) 创新系统理论

国家创新系统(National Innovation System,NIS)基于熊彼特创新学派的系统观点与李斯特国家体系思想的结合,一般认为国家创新系统概念是 C. Freeman(费里曼)1987 年在考察日本经济发展过程中提出的,在公共和私人部门通过行动和相互使用创造、引进、修改和扩散技术的制度网络。Lundvall 等提出国内有共同语言、地理及文化的接近有助于形成较密切的用户——供应商交互作用,而国家(政府)在此关系的建立上可能起到重要作用。他认为,在人类历史上,技术领先国家从英国到德国、美国再到日本,这种追赶、跨越不仅是技术创新的结果,还有许多制度、组织的创新,从而是一种国家创新系统演变的结果。

高校与国家创新系统从功能上把国家创新系统分为知识创新系统、技术创新系统、知识传播系统和知识应用系统。知识创新是指通过科研机构获得新的基础科学和技术科学知识的过程。知识创新系统是由知识的生产、扩散和转移相关的机构和组织构成的网络系统,其核心部分是国家科研机构和大学。从组织机构上把国家创新系统分为四个部分:一是企业研发机构,这是技术创新的主体,是国家创新体系中研究开发的核心部分;二是科研机构,主要从事基础性、前沿性的知识创新工作,为企业创新提供知识供给;三是教育与培训机构,其主体是高等院校,主要开发培养人才,同时还从事大量的基础研究,为企业的技术创新提供知识支持;四是政府,主要负责政策制定、实际保证和资源配置。

(2) 科技创新理论

谈科技创新首先要了解什么是创新,创新是以现有的知识和物质,在特定的环境中,改进或创造新的事物(包括但不限于各种方法、元素、路径、环境等),并能获得一定有益效果的行为。创新是引领发展的第一动力已成为各界共识。中国正由科技大国向科技强国迈进,科技对经济增长的贡献率远低于发达国家水平的这个"阿喀琉斯之踵"仍然存在。新时代,中国经济由高速增长向高质量发展阶段转变,正处在转方式、调结构、换动能的攻关期,而在此过程中,必须加强科技供给侧结构性改革,将高校作为科技创新的源头、高新技术成果的生力军,破除科技成果向现实生产力转化不力、不顺、不畅难题,进一步提高供给体系质量与效率。正如习近平同志在多次会议中指出:"科技成果只有同国家需要、人民要求、市场需求相结合,完成科学研究、实验开发、推广应用的三级跳,才能真正转化为推动经济社会发展的现实动力"。

科技创新涉及政府、企业、科研院所、高等院校、国际组织、中介服务机构、社会公众等多个主体,包括人才、资金、科技基础、知识产权、制度建设、创新氛围等多个要素,是各创新主体、创新要素交互作用下的一种复杂涌现现象,是一类开放的复杂巨系统。所以说,创新是一个系统工程,创新链、产业链、资金链、政策链相互交织、相互支撑,改革只在一个环节或几个环节是不够的,必须全面部署,并坚定不移推进。科技创新、制度创新要协同发挥作用,两个轮子一起转。科技创新是提高社会生产力和综合国力的战略支撑。科技兴则民族兴,科技强则民族强。当今世界,谁牵住了科技创新这个"牛鼻子",谁走好了科技创新这步先手棋,谁就能占领先机、赢得优势。新一轮科技和产业革命正在创造历史性机遇,催生互联网+、分享经济、3D打印、智能制造等新理念、新业态,其中蕴含着巨大商机,正在创造巨大需求,用新技术改造传统产业的潜力也是巨大的。习近平同志敏锐地看到了即将出现的新一轮科技革命和产业变革与我国加快转变经济发展方式形成的历史性交汇,为我国实施创新驱动发展战略提供了难得的重大机遇。他指出,我们正面对着推进科技创新的重要历史机遇,机不可失,时不再来,必须紧紧抓住。我们在国际上腰杆能不能更硬起来,能不能跨越"中等收入陷阱",在很大程度上取决于科技创新能力的提升。科技创新这件事,等待观望不得,亦步亦趋不行,要有一万年太久、只争朝夕的紧迫感和劲头,快马加鞭予以推进。他特别强调,当前全党全国各族人民正在为全面建成小康社会、实现中华民族伟大复兴的中国梦而团结奋斗。我们比以往任何时候都更加需要强大的科技创新力量。实施创新驱动发展战略决定着中华民族的前途命运。没有强大的科技,"两个翻番""两个一百年"的奋斗目标难以顺利达成,中国梦这篇大文章难以顺利写下去,我们也难以从大国走向强国。全党全社会都要充分认识科技创新的巨大作用,必须将其摆在国家发展全局的核心位置,常抓不懈,迈出实实在在的步伐。

(3) 传导理论

传导机制,简而言之,就是财政政策在发挥作用的过程中,各政策工具通过某种媒介体相互作用形成的一个有机联系的整体。最重要的媒介体是:收入分配(主要是改变货币收入者实得货币收入或使货币收入者的实际购买力发生变化)、货币供应与价格。在金融领域研究较为丰富,传导渠道的选择对政策实施效果的影响尤为重要。Hicks 率先提出利率传导渠道凯恩斯"IS-LM"模型,Bernanke、

Friedman 等人建立了广义信贷渠道理论、货币政策传导机制。可以看出,现有成果大部分集中在金融领域,但对于科技成果转换政策在高校的传导研究还是具有一定的启发作用的。

1.3.2 核心概念界定

(1) 科技成果

"科技成果"(Science and Technology Achievements)概念在科技创新领域尤为重要,学界对该概念的讨论可谓是"不绝于耳",但是仍处于争论分歧阶段,尚未形成较为统一的认识。目前,对"科技成果"概念可以大致从范围边界、成果收益性、认定获准性等三个维度进行综合理解。

维度之一,科技成果范围边界。科技成果,表征之义为科学技术成果,是指研究自然科学的结果。由于基础科学研究、技术科学研究和应用科学研究等部分构成自然科学研究活动组织体系,因而,科技成果是上述自然科学研究活动组织体系的研究对象、研究内容的产出。在这里,我们可以发现,科技成果的范围较狭窄,仅仅涉及科学研究过程中的研究与试验发展环节,不包括成果转化与应用、科技服务等环节所产生的"科技成果"[①]。科技成果狭义概念是大多学者研究科技成果转化主题所默认的基础。伴随着创新驱动发展理念逐渐走向经济社会发展的中心,"科技成果"概念外延化,催生着一种以政府、市场为需求导向的科技创新咨询类服务,即软科学成果(如决策咨询报告被政府部门采纳应用以及书籍、研究报告等),政府部门、学术界也趋于认可应将其纳入科技成果内涵范畴。比如,2017 年成都市出台《科技成果评价通用要求》(DB/T 247—2017)明确科技成果评价的对象不仅包括应用技术成果、基础理论成果,而且还包括软科学成果。

维度之二,科技成果成果收益性。收益性,也称之为受益性。它是指科技成果能够为成果持有人(组织)带来收益的特性,它是科技成果界定与评价的重要特质。科技成果的主要收益包括科技成果内部收益与外部收益两部分。其中,内部收益是指科技成果自身所促进的科学发展贡献,即科技成果的科学创新价值、技术水平价值;自然地,外部收益是由科技成果内部收益决定的,它主要是指科技成果的市场经济价值、社会贡献价值等。换言之,一项科技成果若没有收益性,则在一定程度上还不能将其称之为严格意义上的"科技成果"。当然,科技成果之间的价值各异,有科学价值与技术价值轻重之分,也有经济价值与社会价值之别。而价值程度的大小需要科技成果评价体系客观、公正地衡量。

维度之三,科技成果认定获准性。认定获准性是关乎科技成果收益程度的"门

---

① 这里的研究开发,一般意义上包括基础研究、应用研究和试验研究等三类。

槛"。科技成果高质量、知识产权关系明确以及科技成果收益效应放大等因素,对科技成果认定获准性提出较高的期许。科技成果的鉴定是科技成果及转化过程的重要环节,一直以来,科技成果鉴定是由政府科技部门主管,负责成果的审查、认定、获准等程序。2016年6月23日,《科学技术成果鉴定办法》(1994)废止,科技成果认定获准权转交由市场"唱主角",以第三方专业评价机构(或者行业组织)为代表的新型科技成果认定获准机制"自律管理"推行。

由此,本书研究的"科技成果"概念取其广义,是指科技个人(组织)独立或者以合作的方式在完成各类科学技术项目(政府科研项目、企业委托科研项目等)全过程中所产出的、经认定获准的、具有成果收益的,特别是符合国家发展战略、服务经济社会主战场和前沿科技突破三大发展方向的新方法、新技术、新产品等抽象与物化的成果。

(2) 科技成果转化

科技成果转化(Science and Technology Achievements Transform)是本土概念,在国际上通常被称为"技术转移"(Technology Transfer)。贺德方认为,科技成果转化强调向现实生产力的转换,在技术研发可行的基础上,经过试验开发、商品化等科技创新过程,并最终产生一定的经济社会效益。蔡跃洲认为,科技成果转化是新技术、新发明实现市场价值的"惊险跳跃",唯有实现科技成果转化才能为经济发展提供关键支撑。

社会实践活动中的科技成果转化概念与此一致。比如,《中华人民共和国促进科技成果转化法》(2015年修订)认为科技成果转化是指以促进社会生产力水平提升为指向,对科技成果展开开发、应用、推广等过程,近而推进该科技成果孵化形成新材料、新产品,甚至实现成果产业化而进行的系列活动。在这里,我们绕不开科技成果转化成熟度(Technology Readiness Level,TRL)问题。《科技成果转化成熟度评价规范》(2016)认为成果转化成熟度需要综合衡量技术创新性(Technology Innovation Level,TIL)、技术先进性(Technology Advance Level,TAL)和技术衍生性(Technological Derivation Level,TDL)等。科技成果转化过程的成果实用程度、所处技术生命周期、产品与附加资源完善程度、技术前沿状态等方面在很大程度上体现了该科技成果的转化能力。

因此,我们认为"科技成果转化"是科技成果资本化(Scientific and Technological Achievements Capitalization)抑或是知识资本化(Knowledge Capitalization)过程,在此过程中科技成果自身价值属性实现了再发展、再完善,并具备了成果商业化、产业化的能力,或者说向现实生产力转化的条件与可能性大幅提升。

(3) 科技成果转化政策

科技成果及其转化涉及的利益相关者多元、产权归置"模糊地带",加之科技成果及其转化长周期性等复杂因素,就必然带来科技成果转化的相关政策组合"碎片化"、政策内容的"宽口径"。杜宝贵认为,科技成果转化政策是指与科技成果转化相关(直接相关或间接相关)的相互依存与补充的政策系统,并指出可从政策过程体系、政策内容体系与政策组织体系三个维度进行解构。沈林以新理念为统领,基于政策过程理论将科技成果转化政策分为供给类、需求类和整体优化类三种不同类型。张剑借助公共政策扩散理论,从政策强度、政策广度、政策速度和政策方向四个维度对科技成果转化政策传导过程进行研究。

中国科技成果转化政策条目可谓"林木众多",既有专门的法律规定[如《中华人民共和国促进科技成果转化法》(2015年修订)、《国家技术转移体系建设方案》],也有政府部门联合出台的政策(如《教育部 科技部关于加强高等学校科技成果转移转化工作的若干意见》教技〔2016〕3号)。此外,不仅涉及国家、部委层面政策,而且地方政府也有配套政策(如《江苏省促进科技成果转移转化行动方案的通知》苏政办发〔2016〕76号),各层次、类别高校院所也有本单位的制度规定(如《南京工业大学科技成果转化管理办法》南工校科〔2019〕2号)。

为此,本书对"科技成果转化政策"做出界定为:科技成果转化政策是指以促进科技成果转化及产业化为目的,在既有的法律框架内,多元政策制定主体(国家层面、部委层面、地方层面以及高校层面)以单一机构或者部门联合等形式而制定的与科技成果转化及产业化相关的(直接相关或间接相关)法律法规、通知、规定、方案等,以此形成科技成果转化政策的网络结构形态。

(4) 传导机制

一般意义上而言,传导机制(Conduction Mechanism or Transmission Mechanism)理论在适用领域、传导生态环境、传导渠道(途径)等维度内涵丰富。众多学者率先在金融货币政策领域探讨了金融中介在经济发展中的角色及其传导机制。他们认为金融货币政策的波动会影响货币供给需求变化,对投资行为选择产生动态影响,这种效应传递到经济社会部门,必然作用于经济发展程度的变化。学术界产生了两种不同的声音:政府行动干预会压制金融体系的完善,结果必然是经济恶化甚至是衰退,即金融抑制论;公共政策放松金融约束,会有助于经济发展,即金融深化论,也衍生出货币中性理论假说、信贷供给理论假说等传导理论。与此一致,也形成了政策传导有效性与无效论两种截然不同的结论。虽然两种观点分道扬镳,但不可否认的是在金融货币政策到实体经济发展情况之间过程的作用性、间接性上达成了共识。传导渠道(途径)大致通过利率、资产价格、财富效应、汇率、信贷媒介等进行传递。马骏等基于中国既有货币政策框架的特殊性,构建了动态随机一般均衡(DSGE)模型,探讨制度约束及市场发育不完善情境下,央行货币政策调整过程中诸多因素所形成的利率传导机制,并测算政策传导对经济发展的效应程度及其带来的效率损失,为新金融货币政策框架修订提供了启发性意义。由此,学术界关于传导机制的研究扩散而来。

传导机制研究的领域边界由金融货币政策延伸至公共政策其他领域。在生态环境保护领域,李香菊等基于污染物属性(外溢性与非外溢性)建立囊括生产者、政府(中央政府与地方政府)、消费者等利益相关者在内的均衡模型,研究税收竞争行为对环境生态的影响及其传导机制,以期提高环境生态质量。在城市发展领域,崔莹莹等探讨了房价上涨主要是通过"创新资金""人力资本"等传导渠道作用于区域城市创新抑制效应。在新闻传播学领域,熊艳等从"霸王事件"案例出发,认为媒体寻求"轰动效应"主要是通过"选择性放大机制"而非"中立客观机制"推动信息传导机制。此外,传导机制具有非对称性、跨层次性等特征。为了提高新创企业扶持政策的针对性、有效性,易朝辉等从新创企业的多层次性(个体、组织、产业和制度层面),试图揭示科技型小微企业这一庞大群体的成长过程,研究了成长过程的四阶段中各影响因素对企业创新成长绩效的传导效应,提出了绩效提升的跨层次传导机制。曾裕峰等开发并利用非对称 MVMQ-CAViaR 模型和联合非对称 MVMQ-CAViaR 模型对中国金融业不同板块(如保险、证券、银行等)之间风险传导效应的非对称性特征进行了深入研究,对防范系统性金融风险有重要参考价值。在传导机制的研究方法选取上,规范研究与实证研究并重。规范研究多采用扎根理论、多案例研究、逻辑推演等方法,侧重于对局部传导作用关系、原创性概念模型的构建,实现对实际现象的解释、模拟与演绎。实证研究主要采用线性回归模型、VAR 体系模型、DSGE 模型等方法,展开对传导效应的测量、检验与预测。

在科技强国目标总揽的国家创新体系建设过程中,科技成果转化政策是产业转型升级、高质量发展的制度安排。其政策的着力点在于引导全社会资源对建构以市场为需求的全链条技术创新体系进行服务支持,实现科技供给侧结构性改革的政策目标。本书将科技成果转化政策从科技创新政策中独立视之,研究科技成果转化政策与高校科技创新之间的作用效应,将科技成果转化政策在高校的传导过程中进行刻画,搭建政策传导的微观系统和作用路径。对于科技成果转化政策在高校传导机制的研究,主要选取扎根理论研究方法,试图将政策在高校场域传导各环节的因素纳入考虑之中,以此研究政策传导媒介对传导客体的影响程度,即传导的有效性,并刻画科技成果转化政策在高校的传导路径。

第2章

文献综述

本章借助计量经济学研究方法，运用 CiteSpace 软件对科技成果转化政策在高校传导的相关研究文献进行可视化分析，以此探究该研究领域在文献时间与数量分布、区域特征分布、重要作者及观点、研究热点分布及研究前沿分布等方面的研究进展及趋势。通过对该领域的学术史梳理，展开文献述评，以此明确本书的主要研究方向。

为了全面获取国内外有关科技成果转化政策在高校传导的相关研究进展，本书在数据来源方面，选取国外、国内两个维度分别展开搜索。国外维度，以"WOS(Web of Science)"数据库为搜索平台，以主题词"Technology Transfer(Policy)""Knowledge Transfer"等为检索条件，语种设置为 English，文献选取类型为 Article，文章来源类型选择核心合集(包括 SSCI、SCI、A&HCI、CPCI-S、CPCI-SSH、ESCI)，经过检索筛选，得到科技成果转化政策主题相关文献 2 067 篇，作为国外研究基础数据。与此类似，在国内维度，以 CNKI 数据库(包括"中国期刊网全文数据库、中国博硕士学位论文全文数据库")为搜索平台，以主题词"科技成果转化""技术转移"和"知识转化"等为检索条件，文章来源类型选择"核心期刊与 CSSCI 期刊"，经过检索筛选，得到科技成果转化政策主题相关文献 2 237 篇，作为国内研究基础数据。

2.1　文献时间与数量分布

特定目标主题研究的国内外纵向历史轨迹、持续关注度如何？关注国内外文献研究的时间与数量分布是勾勒该主题宏观框架的起点和基础。文献数量的历史性变化及其走向是反映研究主题(学科)在特定时间跨度内理论发展水平及研究热度的动态趋势的重要指标。从文献分布来看(图 2-1)，关于科技成果转化政策这一主题研究的文献数量呈现总体增长且近十年间增长明显加快的趋势。这表明关于科技成果转化政策的研究在相当长的时间内引起了学术界的兴趣，也说明在实践发展进程中，科技成果转化问题"久治不愈、反复发作"，特别是在新一轮科技革命和产业变革背景下，对科技成果转化问题的研究可谓是"高潮再起"。从国外维度来看，国外对科技成果转化政策关注较早，自 1978 年就已有研究，并大约每 10 年形成峰值，在 1987 年、1994 年、2010 年形成次高峰，特别是在 2018 年达到最高峰，数量为 131 篇。从国内维度来看，该主题的文献分布总体呈现起步晚、周期性波动、发展迅速等特点。对于该主题，于 1992 年才有零星研究。这与我国实行改革开放、逐渐推行市场经济的节奏是一致的，文献数量在 1996—2004 年、2012—

2018年周期性波动剧烈，2005—2011年呈现快速增长趋势。

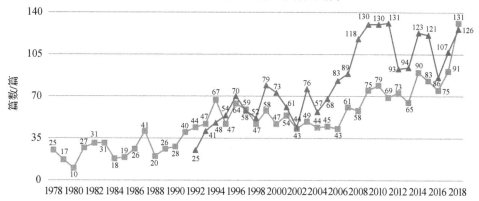

图 2-1 国内外科技成果转化政策主题研究的文献分布①

对比国内外科技成果转化政策主题研究的文献分布，我们可以发现：第一，在文献时间分布方面，科技成果转化政策研究在国外较早起步，国内研究始于1992年；第二，在文献密度分布方面，国内研究单年文献数量总体高于国外，特别是2005年以后，国内学者对该主题的关注度较高，在2018年国内外研究均达到顶峰，国内文献数量为126篇，与国外（131篇）基本持平；第三，在文献分布的周期性方面，国外研究虽然有小幅波动，但总体呈现稳步增长趋势；相反，国内研究虽总体呈现较快增长趋势，但波动幅度剧烈，稳定性较差，尚不能形成对该主题的持续跟踪研究，对社会实践发展的敏感度较高。

2.2 区域特征分布

对特定主题的区域分布特征进行研究，可以较为直观地展示该研究主题在哪些国家或地区获得的关注度高。这进一步为挖掘该主题的溯源研究和持续跟踪研究奠定了基础。基于对相关文献数据的计量分析，从国外维度来看（图2-2），国外关于科技成果转化政策主题的研究对象多集中在美国、英国、加拿大、荷兰以及韩国等国家。另外，从分布共线网络的年轮图谱中可以看出，美国是最早进行该主题

---

① 受限于数据库，图中中国CNKI核心期刊中的数据从1992年开始；WOS核心期刊中的从1978年开始。

研究的国家,欧洲主要国家对该主题的研究也较早,其他国家均不同程度地受到来自美国研究的影响。这一点在实践进程中也得以验证。1912年,美籍学者熊彼特(J. A. Schumpeter)在《经济发展理论》(Economic development theory)一书中率先提出"创新理论"(Innovation theory)。这是指导"科技与经济融合发展""促进技术转移"的最早观念,对其他国家及地区产生极大影响。欧洲国家因两次工业革命对产业转型升级产生强烈需求,政府部门力促产学研合作,鼓励企业将孵化器建在高校,挖掘高校科技创新资源。

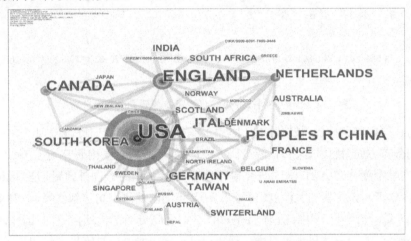

图 2-2 国外英文文献的地区分布共线网络

本书通过对国内文献发文量前25的高校院所及其所在地的统计,可以大致勾勒该主题研究的区域分布特征。从统计结果来看,清华大学、天津大学、中国科学技术信息研究所、南开大学、中国科学院大学等5所在京津冀地区,中国科技大学、上海交通大学、南京大学、浙江大学、同济大学等5所高校在长三角地区,哈尔滨工程大学、大连理工大学、哈尔滨工业大学、东北大学、哈尔滨理工大学等5所在东北地区,这三个区域是研究的主要集聚区。另外10所分别分布在华中地区4所(华中科技大学、武汉大学、武汉理工大学、华中农业大学)、珠三角地区2所(华南理工大学、中山大学)、西南地区2所(西南交通大学、四川大学)、西北地区2所(西北工业大学、西安交通大学)。这种地区分布特征的主要原因在于:一是科教资源丰富,产学研合作活跃;二是传统产业转型的需求驱动,特别是振兴东北背景下,推行科技供给侧改革需求迫切;三是新经济发展地区,特别是作为现代经济体系发展典型区域的上海、深圳对于探索新型高校科技成果产业化抱有强烈期待。另外,从七大区域的代表性高校属性特征来看,发文量较高的高校多为理工类,这主要是源于理工类高校是科技成果"高产区",开展科技成果转化活动较为频繁且成果转化过程中遇到摩擦的可能性也较高。

2.3 重要作者及观点

2.3.1 国外相关研究的重要作者共被引知识图谱

作者共被引分析是展现特定研究主题领域的学者合作网络关系的知识图谱。网络关系中的节点越大,表示该作者在特定领域的影响力越大。运用 CiteSpace 软件,将其 Node Type 设定为 Cite Author,阈值设定为 T50,其余不变,对 WOS 数据库中 131 篇英文文献和 1 624 篇参考文献进行作者共被引分析(图 2-3)。

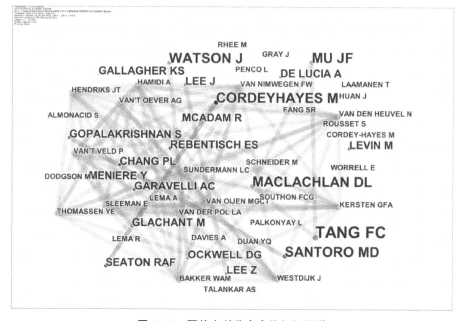

图 2-3 国外文献作者合作知识图谱

从图 2-3 中可以发现,国外文献研究的作者之间的关系清晰,合作研究密切。其中,D. L. MacLachlan、M. D. Santoro、M. Levin、J. Watson、M. Cordey-Hayes 等是该领域具有重要影响力的学者。麦克拉克兰·道格拉斯是华盛顿大学西雅图分校的教授,是科技成果转化的源概念"知识转移"(Knowledge Transfer)的提出者。他认为"开发知识"(Develop Knowledge)是企业获取竞争优势的关键,而吸收能力(Absorptive Capacity)和传播能力(Disseminative Capacity)可以促进组织网络中知识转移高效流动。这一观点强调了科技成果转化需要传播与吸收两方面并重，否则会引起成果转化的供需错位与转化堵塞。Santoro 对产业与高校合作进行科技成果转化有着较为深入的系统研究，认为工业企业与高校开展科技成果转化活动的制度化建设是重要的研究方向，并证实了社会关联（Social Connectedness）、信任度（Trust）、高校技术转移－知识产权政策（URCs Technology Transfer-Intellectual Property Policies）、技术相关性与技术能力（Technological Relatedness and Technological Capability）是积极促进因素，这也成为后续学者研究的重要参考蓝本。

另外，我们也统计整理了该领域的国外前 10 篇高被引文献（如表 2－1 所示）。

表 2－1　国外前 10 篇高被引文献

被引频次	篇名	作者	刊名
247	Stabilizing the boundary between US politics and science: The role of the Office of Technology Transfer as a boundary organization	Guston (1999)	Social Studies of Science
215	Tacit knowledge, innovation and technology transfer	Howells (1996)	Technology Analysis & Strategic Management
157	Equity and the technology transfer strategies of American research universities	Feldman 等 (2002)	Management Science
153	Systematic technology transfer from biology to engineering	Julian 等 (2002)	Philosophical Transactions of the Royal Society A: Mathematical Physical and Engineeeing Sciences
125	Gaps, barriers and conceptual chasms: theories of technology transfer and energy in buildings	Shove (1998)	Energy Policy
116	Measuring the efficiency of university technology transfer	Andersopn 等(2007)	Technovation
110	CO_2 emissions, research and technology transfer in China	Ang 等 (2009)	Ecological Economics
108	The development of university spin-offs: early dynamics of technology transfer and networking	Perez 等 (2003)	Technovation
105	A fuzzy multicriteria decision-making method for technology transfer stratrgy selection in biotechnology	Chang 等 (1994)	Fuzzy Sets and Systems
102	A hybrid recommender system for the selective dissemination of research resources in a Technology Transfer Office	Porcel 等 (2012)	Information Sciences

这些文献主要研究高校技术转移战略、效率、网络,研究技术转移办公室的边界组织作用、混合推荐体系的作用,以及技术转移政策。其中,被引频次最高的是刊载在 *Social Studies of Science* 上的文献 *Stabilizing the boundary between US politics and science: The role of the Office of Technology Transfer as a boundary organization*,主要讨论了技术转移办公室作为边界组织的关键作用,该组织被视为政治家和科学家的代理人,像技术转移办公室这样的边界组织的存在是政治与科学之间边界的普遍现象。

2.3.2 国内相关研究的高产作者分析

同理,本书对国内 CNKI 数据库关于该主题研究的文献进行作者共被引分析,发现国内文献作者合作网络知识图谱为孤立的离散点,还没有呈现明显的合作网络特征。鉴于此,本书以国内文献高产者为对象进行分析。根据普赖斯定律(Price's Law)[①],将统计期间内最高产作者的文献发文量 30 篇代入公式,得出统计期间国内高产作者的文献发文量为 5 篇(不低于 5 篇)。据此,统计得出围绕科技成果转化政策研究主题的国内文献发文高产作者为 20 位(表 2-2)。

表 2-2 国内文献高产作者

作者	发文量/篇	作者	发文量/篇	作者	发文量/篇
刘希宋	30	姜树凯	8	尹岩青	6
喻登科	18	钱丽	8	何海燕	6
张胜	15	杨忠泰	7	张平	6
郭英远	14	司虎克	7	王敬华	6
李玥	10	曹霞	7	杨海芬	6
肖仁桥	8	杨俊杰	6	陈红喜	6
尹航	8	原长弘	6		

从表 2-2 中可以发现,刘希宋发文数量最多,达 30 篇。曾发表过《科技成果转化与知识管理的耦合关系研究》《国防工业科技成果转化实施知识管理的组织模式研究》《基于多视角的国防工业科技成果价值评估研究》等文章,由此可推断他对于科技成果转化在国防工业上的应用和发展有着较为系统的思考与见解。另外,陈红喜等将因子分析法与聚类分析法相结合,构建高校技术转移指标体系,对江苏

---

① 普赖斯定律(Price's Law),是指在特定学科主题中,半数的学术论文为一群高产作者所撰写,而该高产作者集合数上大致类似于全部文献作者总数的平方根,它是衡量特定学科领域文献作者分布规律的计量工具。

31所高校技术转移现状进行了实证研究,在后期研究中,运用扎根理论方法,以在宁24所高校为主要研究对象,探索科技成果转化政策在高校传导层面传导阻滞的因素及作用机制,丰富了科技成果转化政策的"本土化"理论研究。喻登科等主要研究科技成果转化过程之中的知识转移管理绩效评价;张胜和郭英远等主要研究中国本土科技人员参与成果转化在收益分配方面尚存在的争议,并就高校职务科技成果在转化全过程中的科学化配置问题进行了较为深入的交流探讨;尹航和姜树凯等对科技成果转化所遇到的项目风险评估症结给予了建设性建议。

此外,对国内前10篇高被引文献进行统计(表2-3),可以发现:一是国内文献多集中在科技成果转化概念的比较及界定。科技成果转化这一"本土化"概念在诞生之初就与国外"技术转移"(Technology Transfer)概念不同,这也是界定科技成果转化概念及其内涵的必要性与争鸣较多之处,这也就决定了对科技成果转化的国际比较不能盲目,否则会带来结论的伪科学与误导性。二是国内科技成果转化影响因素的渐进、开放式探索。科技成果转化因素是国内学者研究的重点之一,这里不仅涉及工业、国防、农业等科技成果转化载体的区分,而且因高校、科研院所、企业等科技成果转化主体而异,甚至同一类高校因区域不同而存在转化效率及影响因素的变动。三是科技成果转化如何评价与体系建构。高校科技成果转化评价维度的分歧,如按科技开发能力、成果转化能力、转化直接效果划分或者按转化条件、支撑能力和转化效果划分,带来的评价结果就截然不同。

表2-3　国内前10篇高被引文献

被引频次	篇名	作者	刊名
179	《外商直接投资与技术转移关系的实证研究》	陈国宏(2000)	《科研管理》
159	《外商技术转移对我国自主研发的影响》	邢斐(2009)	《经济研究》
146	《国际技术转移、异质性与中国企业技术创新研究》	王华(2010)	《管理世界》
142	《对科技成果及科技成果转化若干基本概念的思考》	贺德方(2011)	《中国软科学》
134	《试论我国农业科技成果转化的问题和对策》	陈斐(2004)	《科研管理》
107	《高校科技成果转化影响因素及对策研究》	郭强(2012)	《科技进步与对策》
104	《纵向视角下中国技术转移系统演变的协同度研究》	刘志迎(2012)	《科学学研究》
103	《技术转移、"海归"与企业技术创新——基于中国光伏产业的实证研究》	罗思平(2012)	《管理世界》
103	《市场竞争、东道国引资政策与跨国公司的技术转移》	谢建国(2007)	《经济研究》
102	《科技成果转化评价指标体系研究》	石善冲(2003)	《科学学与科学技术管理》

2.4 研究热点分布

2.4.1 国外相关研究的研究热点

关键词,作为学术论文研究主题及其内容的凝练表达,是理解文献研究逻辑与思想的"主线"。因此,特定主题的系列文献关键词的关联性,在一定程度上可以体现该主题领域的研究热点。在 CiteSpace 软件中将 Node Type 设定为 Keyword,阈值设定为 T50,其余不变,绘制出国外研究热点知识图谱(图 2-4)。图中字体的大小表示关键词出现的频次,字体越大说明该关键词出现的频次越高;节点之间的连线表示关键词有关联,节点网络疏密程度表示关键词共现的高低。

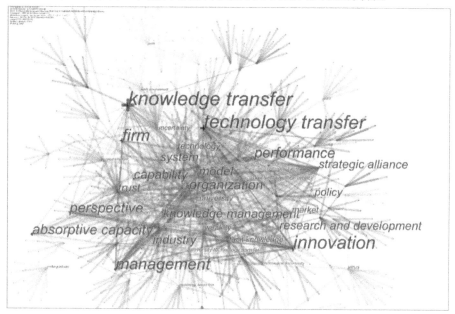

图 2-4 国外研究热点知识图谱

由图 2-4 可知,国外文献研究关键词频次出现较高的有 knowledge transfer(知识转移)、technology transfer(技术转移)、innovation(创新)、strategic alliance(战略联盟)、performance(政策执行)、industry(产业)、research and development(研究与开发)、university(高校)、market(市场)、knowledge management(知识管

理)等。国外对科技成果转化政策的研究主要集中在科技创新全视域下对科技成果全过程的整体性研究。科技成果转化是科技创新生态系统的子系统,在消解成果转化的病症时,需要关注系统全环节、全要素,尤其是基于知识管理理论认识科技成果转化的本质属性是知识转移、知识资本化(Knowledge Capitalism)过程。正确处理基础研究、应用研究和试用开发研究的关系,而均衡这种动态关系的出路在于链接产业、高校、政府等各类主体,发挥产学研合作的积极性,明确以市场(企业)需求为牵引的根本方向,这也是国外科技成果转化取得显著成效的原因之一。

紧接着,本书以谱聚类的方法对国外文献高频关键词共引进行聚类,得到33个聚类(图2-5),分别有:knowledge management(知识管理)、technology transfer(技术转移)、organizational learning(组织性学习)、university technology transfer(高校技术转移)、model(模型)、partial least squares(偏最小二乘法)、knowledge transfer(知识转化)等。这些聚类在一定程度上可以反映科技成果转化政策相关研究的具体热点。

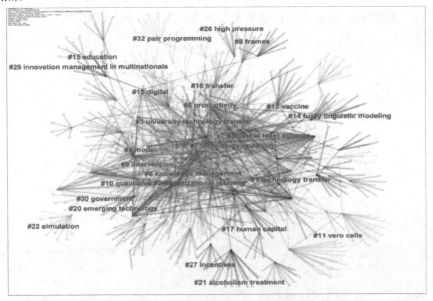

图2-5 国外研究热点聚类视图

比如,聚类3University Technology Transfer(高校技术转移)涵盖了高校技术转移研究的体系内容。就高校技术转移模式而言,国外较为成功且具有典型性的模式分为两种:一是在高校内部设置的技术转移办公室(OTL),统筹全校技术转移服务工作,有专业的技术经理人负责专利成果的包装与营销服务,技术成果的发明人及其所在院系共同分享收益。斯坦福大学是实行该模式的典型高校。二是高校出资设立盈利性技术转移服务公司,第三方服务机构的独立性、利益驱使、机制灵活能有效推动高校专利的商业化产业化进程。英国帝国理工学院、剑桥大学均设立该模式的公司。

2.4.2 国内相关研究的研究热点

同理,绘制出国内研究热点知识图谱(图2-6)。国内文献研究关键词频次出现较高的有科技成果转化、技术转移、绩效评价、制约因素、高校科技成果转化、科技成果转化效率、内容分析法、转化模式、科技成果转化政策、知识产权、大学技术转移、政府等。我们可以发现国内文献研究呈现如下特征:一是众多关键词相近,比如"高等院校""大学""高校科技成果"与"高等学校","绩效评价"与"综合评价"等,这表明国内在对科技成果转化政策的研究进程中存在研究热点重复与研究内容叠加的现象;二是成果转化类型丰富,比如"农业科技成果""高校科技成果";三是紧密围绕科技成果转化过程而展开,比如"制约因素""转化效率""科技政策""商业模式""风险投资""转化路径"等。

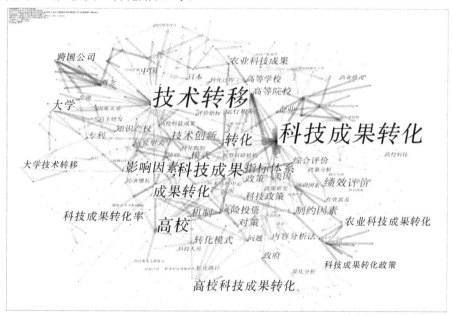

图2-6 国内研究热点知识图谱

与前文类似,国内研究热点聚类大体有"科技成果转化""高校科技成果转化""美国""影响因素""大学""科技成果转化政策""中国""绩效评价""农业科技成果转化""企业管理"等34个聚类(图2-7)。相较于国外研究热点聚类特征,可以发现国内研究多侧重于对科技成果的"转化"环节的研究。比如,李文亮等选取国内30个省为研究对象,运用三阶段DEA方法测量了科技成果转化效率。吴塑琳从科

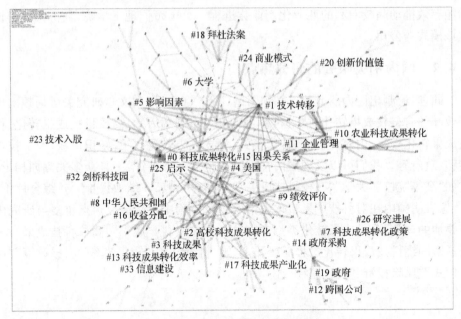

图2-7 国内研究热点聚类视图

技成果转化特征出发,建立了一个满足多元资本需求的科技金融服务支撑体系,推动科技与金融有效对接。

2.5 研究前沿分布

2.5.1 国外相关研究的研究前沿

利用CiteSpace软件对特定研究主题的相关文献关键词进行时区演化(Time Zone)。时区演化图谱通过对某一时区内的文献状态(更新或者关联程度)进行演进趋势勾勒,是预测该特定研究主题的未来发展方向的重要途径。在绘制国外研究前沿知识图谱(图2-8)基础上,本书还对文献中被引用频次较高的关键词按时区进行了统计(表2-4)。

第2章 文献综述

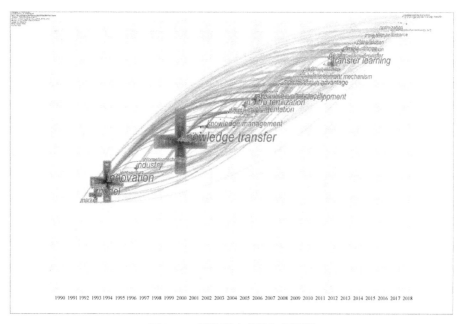

图 2-8 国外研究前沿知识图谱

表 2-4 国外相关文献的关键词分布

频次	时间/年	关键词	频次	时间/年	关键词
10	1991	market	4	2009	product development
248	1992	technology transfer	9	2009	intervention
65	1992	model	20	2009	information
130	1994	innovation	12	2009	clean development mechanism
2	1994	information systems general	2	2009	capacity
2	1994	basic research	2	2009	attitude
9	1994	adoption	4	2010	managing knowledge
6	1995	joint venture	8	2010	India
2	1995	direct investment	25	2010	framework
31	1996	industry	7	2010	creation
16	1996	culture	35	2011	transfer learning
6	1997	information technology	11	2011	energy
57	1997	firm	8	2012	university
68	1998	system	2	2012	qualitative research
83	1998	management	12	2012	embryo transfer

续表

频次	时间/年	关键词	频次	时间/年	关键词
189	1999	knowledge transfer	15	2012	design
12	2000	technology transfer	4	2012	communication
14	2000	strategy	2	2013	patent analysis
4	2000	alliance	7	2013	open innovation
6	2001	tacit knowledge	3	2013	decision making
3	2001	privatization	12	2014	united states
32	2001	China	2	2014	transaction cost
19	2002	knowledge management	2	2014	technology index
4	2003	determinant	5	2014	patent
2	2003	analogical transfer	5	2015	reinforcement learning
6	2004	trust	2	2015	process innovation
39	2004	organization	5	2015	firm performance
21	2004	implementation	2	2015	entrepreneurial university
28	2004	impact	2	2015	dynamic capability
13	2004	collaboration	6	2015	commercialization
23	2006	research and development	2	2016	wireless power transfer
72	2006	performance	2	2016	transfer system
11	2006	intellectual property	6	2016	optimization
36	2006	absorptive capacity	2	2016	mass transfer
5	2007	rate	2	2016	inductive power transmission
22	2008	policy	2	2016	assisted reproductive technology
6	2008	multinational corporation	2	2017	sustainable development
2	2008	foreign direct investment	2	2018	university technology transfer
6	2008	dissemination	2	2018	sustainability transition
14	2008	competitive advantage	2	2018	regularization
4	2008	barrier	2	2018	product innovation
2	2008	assisted reproduction technology	2	2018	knowledge and technology transfer
11	2009	translation	2	2018	investment
2	2009	technology-based firm	2	2018	environmental impact
9	2009	risk	2	2018	collaborative research
2	2015	partnership	2	2018	case study
4	2015	localization	3	2018	big data

从国外研究前沿知识图谱可以发现：2000年以前，国外对科技成果转化政策相关文献研究多从知识转移（Knowledge Transfer）、技术转移（Technology Transfer）的内涵概念出发，研究科技创新中各相关主体（如市场、企业、产业）形成的知识流。这一点可以从高频关键词体现：market（市场）、technology transfer（技术转移）、model（理论模型）、innovation（科技创新）、basic research（基础研究）、adoption（应用）、joint venture（合资企业）、direct investment（直接投资）、industry（产业）、culture（文化）、information technology（信息技术）、system（体系）、management（科技管理）等。而在2000—2010年的十年间，国外对该主题的研究趋于丰富，研究成果较为成熟。学者们尝试对科技成果转化的关联因素、形成条件与促进路径等展开详细探索。这一点可以从高频关键词体现：strategy alliance（战略联盟）、tacit knowledge（隐性知识）、privatization（私有化）、China（中国）、knowledge management（知识管理）、determinant（影响因素）、analogical transfer（类比迁移理论）、trust（信任）、implementation（执行）、impact（影响）、collaboration（合作）、performance（执行）、intellectual property（知识产权）、absorptive capacity（吸收能力）、rate（转化率）、policy（政策）、foreign direct investment（外商直接投资）、barrier（障碍）等。

2011年以来，随着科技成果转化政策相关研究的日渐积累，学者们逐渐对技术转移宏观框架进行建构，并探讨各类科技成果的转化情况。特别是2017年，将可持续性发展理念（Sustainable Development）融入科技成果转化之中，也关注科技创新对生态环境保护的支撑作用，更加强调合作协同研究。为了更好地促进科技成果转化与高等教育内涵式发展互通并进，学者们也关注"Entrepreneurial University"（创业型大学），研究创业型大学的发展机理、运行机制等，并逐渐关注高校服务经济社会更为有效的模式，探索出诸如"University Spin-Offs"（大学衍生企业模式）。这一时期的关键词体现在：university technology transfer（高校技术转移）、sustainability transition（可持续性转变）、regularization（制度化）、product innovation（产品创新）、knowledge and technology transfer（知识与技术转移）、investment（投资）、environmental impact（环境影响）、collaborative research（合作研究）、case study（案例研究）、big data（大数据）等。

2.5.2 国内相关研究的研究前沿

类似地，本书对国内文献研究关键词按时区进行了研究前沿图谱绘制（图2-9），并选取特别年份的部分高频关键词进行了时间排序统计（表2-5）。

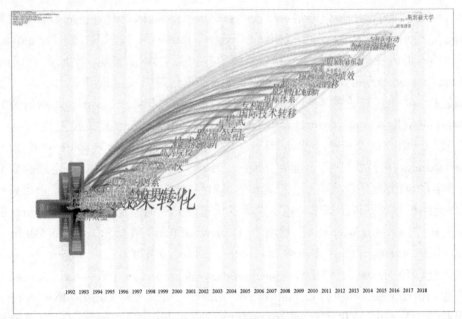

图 2-9 国内研究前沿知识图谱

表 2-5 国内相关文献的关键词分布

频次	时间	关键词	频次	时间	关键词
54	1992	生产力	2	2010	地方高校
27	1993	产业化	2	2011	技术入股
4	1995	科技与经济	2	2011	技术转移服务
14	1995	转化模式	5	2011	技术转移中心
24	1995	制约因素	6	2011	激励机制
2	1996	科技开发贷款	7	2011	成果转化效率
2	1996	采购技术	2	2012	研发投入
2	1996	科技成果转化基金	2	2013	衍生企业
40	1996	企业技术创新	2	2014	融资模式
4	1996	研究所	2	2014	战略性新兴产业
4	1996	中试基地	2	2014	科技人员
6	1996	科教兴国战略	2	2014	区域经济
7	1996	财政管理	3	2014	国有科研事业单位
4	1997	科技体制改革	4	2014	专利许可

续表

频次	时间	关键词	频次	时间	关键词
33	1997	知识产权	6	2014	创新驱动发展
131	1998	高校	2	2015	主体
36	2001	跨国公司	2	2015	产学研协同创新
21	2004	国际技术转移	4	2015	校企合作
16	2006	政策	4	2015	军民融合
16	2007	自主创新	2	2016	科技成果政策
2	2008	产学研一体化	2	2016	高校教师
2	2008	风险评价	2	2016	政策效果
11	2008	技术转移模式	2	2017	国防
7	2008	层次分析法	2	2017	案例研究
38	2008	高校技术转移	2	2017	内容分析
24	2008	知识管理	2	2017	创新模式
5	2009	知识创新	2	2017	政策工具
6	2009	知识整合	3	2017	职务科技成果
8	2009	技术转移机构	4	2017	斯坦福大学

可以发现国内对科技成果转化政策主题的研究甚为丰富。1978—1994年,国内文献高频关键词呈现如下趋势:1978年,全国第一次科学大会召开,这是科技体制改革的开端,提出"科学技术是第一生产力"。科技成果转化研究主要围绕发展"生产力",开展美国、日本等国外先进国家"技术转移",以此在不断完善"市场经济"过程中,促进本国"高科技"发展及其"产业化";20世纪末期,深圳等沿海地区追赶全球高技术产业化浪潮,为了弥合"科技与经济"两张皮,在"科教兴国"战略指引下,开展科技成果转化工作,主要研究科技成果转化"模式""制约因素",不断推进"科技体制改革",特别是"财政管理"领域,为了服务"企业科技创新",要求增设"科技开发贷款",探索政府"采购技术"。此外,"高校""研究所"等创新主体作用引起关注,成立"科技成果转化基金"(设立"农业科技成果转化子基金"等),设立"中试基地",并为了吸引"跨国公司"在华开展"国际技术转移"和外商直接投资,加紧"知识产权保护"立法工作。

2006年,全国科学技术大会提出建设创新型国家目标,掀起各省市建设国家创新型城市的热潮。各地方重点围绕如何提高"区域自主创新"能力,释放科技创新"政策"的制度化红利,在"技术转移体系""产学研一体化"等方面渐次展开。对此,学术界尝试基于知识创新视角,从"知识管理""知识整合"维度透视科技成果转化机理,运用层次分析法等对"科技成果转化效率"进行评价(包括风险评价)。地方高校受区域产学研合作带来的丰厚经济收益驱使,创造性地探索出"技术转移模式""技术转移服务"和"技术入股"路径。在技术转移体系建设中,灵活用活"激励机制",专业化"技术转移机构"与"技术转移中心"也日益受到关注。2012年,党的十八大提出"将科技创新摆在全局发展的核心位置",实施"创新驱动发展战略",对高校加大科技创新供给、服务经济社会发展提出更高要求。围绕高校服务"区域经济"功能建设,注重对"高校教师"等一线"科技人员"的"职务科技成果转化"权益分配,更加关注"军民融合",推进军民两用科技成果转化。尝试运用"案例研究",研究我国新型研发机构科技成果转化新模式,并尝试对新型研发机构科技成果转化绩效进行评价,借鉴斯坦福大学典型经验,推动高校科技成果转化"模式创新",鼓励"校企合作",支持高校科技成果"衍生企业",创办学科型公司等。企业是科技创新的"主体"的观点更为明确,强化企业在"产学研协同创新"过程中的牵引作用。为了发展"战略性新兴产业",加大对科学技术的"研发投入",推动科技金融"融资模式"改革以及"国有科研事业单位"向企业化运作、市场化导向转变。当然,这一时期对"科技成果转化政策"的"政策效果"更为关注,通过运用内容分析法等建立优化成果转化评价体系,推动"政策工具"细化完善。

2.6 研究评述及问题提出

通过对国内外相关文献的梳理,可以发现:国内学界对科技成果转化政策传导与执行方面的研究甚少,部分研究也仅仅初步涉及科技成果转化政策演进研究和区域政策比较。如 J Amankwah-Amoah 通过对加纳政体过渡背景下科技政策的历史回顾,指出其演变的阶段性。肖国芳对中国改革开放以来的技术转移政策演变的四个阶段特征进行剖析。杜伟锦运用文献量化研究方法,对京津翼与长三角两地区分时期科技成果转化政策演变情况进行比较分析。张永安利用文本挖掘方法,构建了国家、北京市和中关村三级科技成果转化政策三维结构研究框架。仅有部分学者对科技成果转化政策传导与执行展开研究,如赵捷指出科技成果转化政策执行中缺乏实施细则,分析了国有资产管理政策执行、税收不合理等问题。杜海平从政策作用于高校的现状展开研究,指出存在转化收益划分不明晰、政策协调性不足等问题。

实际上,对政策传导执行研究由来已久且理论丰富,主要集中在政策传导机制、执行模式、影响因素三个方面。一是政策传导机制研究。在金融领域研究较为丰富,传导渠道的选择对政策实施效果的影响尤为重要。Hicks率先提出利率传导渠道凯恩斯IS-LM模型,Bernanke、Friedman等人建立了广义信贷渠道理论、货币政策传导机制。二是政策执行模式研究。"政策执行失败"现象广泛存在,执行范式有"自上而下路径""街头官僚理论""府际关系模型"等;为了确保"问题可控性",部分学者提出"模糊冲突模型""倡导联盟路径"等,并加以修正。三是政策执行偏差与影响因素研究。丁煌、金太军等学者注意到中国语境下的政策领域广泛存在"政策梗堵"与"政策变通"现象。

综上,现有研究成果对科技成果转化政策在高校的传导研究具有启发性作用。但现有研究的不足在于:① 研究对象集中在对科技成果转化政策文本的内容、结构的探究,未能将政策文本与实际执行者紧密联系考虑,导致研究的重复以及所发现的问题近乎相似;② 研究方法上多借鉴国外政策执行范式开展对本国实践检验,缺少本土情境下的"主位研究";③ 对科技成果转化政策研究偏于宏观层面,少有从微观行动者视角审视政策的传导障碍。基于此,本书研究的核心问题是从高校科技成果转化现状及基本问题出发,识别中国科技成果转化政策在高校传导的影响因素,阐释其传导作用机理,在现有科技成果转化政策"四梁八柱"基本建立的情况下,提出优化和完善高校科技体制创新生态,加速高校成果转化的有效策略。

第3章

科技成果转化政策的演化脉络分析

3.1 科技成果转化政策变迁的阶段性表征分析

把 1980—2021 年间我国科技成果转化政策的发展分为 6 个阶段,以 1985 年、1995 年、2005 年、2015 年及 2019 年为各阶段节点。1985 年中共中央颁布了《关于科学技术体制改革的决定》,对科技管理体制、科研机构的组织结构、国家重点项目管理等方面进行了改革;1995 年中共中央、国务院在《加速科学技术进步的决定》中提出了"科教兴国"战略;2006 年中共中央、国务院出台了《关于实施科技规划纲要增强自主创新能力的决定》,把自主创新战略定为新时期我国科技政策的战略重点;2015 年 8 月修订的《中华人民共和国促进科技成果转化法》,破除了以下几个方面的障碍:首先,取消审批程序。这是政府职能转变的一个重要步骤,由高校院所自主决定转让。其次,收益权、分配权由高校自身按照规定程序自主处理。直接参与这些科技成果的科技人员可以享受转化收益的 50% 以上。再次,要促进企业和高校的紧密合作,鼓励高校科技资源开放,为企业提供技术的研发、检测、试验、咨询等一系列的活动,来推动技术创新领域成果的落地转化。最后,加强技术市场的建设,培育一支既懂产业又懂科研的专门从事转化服务的队伍。2019 年 9 月财政部发布《关于进一步加大授权力度 促进科技成果转化的通知》,贯彻"放管服"改革要求,针对之前政策中存在的问题进行完善,进一步加大国家设立的中央级研究开发机构、高等院校科技成果转化有关国有资产管理授权力度,畅通科技成果转化有关国有资产全链条管理,促进科技成果转化,提高科技成果转化效率。

3.1.1 科技成果转化政策体系的起步阶段(1980—1984)

该阶段成果转化政策总量少,几乎处于空白,只有国家海洋局发布的《国家海洋局科技成果管理暂行办法》和文化部发布的《科技成果技术鉴定程序》两项政策。科技工作主要围绕《1978—1985 年全国科学技术发展规划纲要》开展,政府相继实施了国家技术发展计划、国家重点实验室计划等一大批军民两用的重大技术装备研制计划。这个时期的政策一方面注重科技计划建立和产业项目实施,直接为经济发展提供基础支撑;另一方面,科技政策由面向军事国防转向面向经济建设,但各项政策间几乎没有关联性。

3.1.2 科技成果转化政策体系的建立阶段(1985—1994)

随着"科学技术是第一生产力"的提出,1988年,科学技术部为促进高新技术成果商品化、商业化和国际化,制订了火炬计划。相关部门也根据科技计划工作的总体部署,先后设立星火计划、科技成果推广计划等。为继续推进科技计划的实施和科技产权机构的改革,提升成果转化力,相继出台了《关于深化科研机构体制改革若干问题的决定》《关于扩大科学技术研究机构自主权的暂行规定》;为加大技术引进与消化吸收,满足技术改造的需求,出台了引进消化吸收技术工作条例,建立了中小企业创新基金等。

结合表3-1的政策热点关键词,这个时期的科技成果转化政策主要有3个特点:① 从宏观上建立国家的软制度环境,并且不断加大体制改革力度,推动科技成果转化,包括《中华人民共和国科学技术进步法》《中华人民共和国专利法》及《中共中央关于建立社会主义市场经济体制若干问题的决定》。② 具体针对某一类科技成果转化的政策较多,普适性政策少且政策滞后性严重。例如,早在1983年原文化部就颁布了《文化部科技成果技术鉴定程序》,接着原化学工业部、卫生部、国家中医药管理局、建材局等都颁布了适用于本行业的成果转化鉴定程序。直到1994年,原国家科委才颁布了《科技成果鉴定规程(试行)》。③ 开始重视优化我国出口商品结构,提出依靠科技进步提高我国出口商品的技术含量和技术附加值。国务院颁布了《关于加快科技成果转化、优化出口商品结构问题的批复》,并且原对外贸易经济合作部、原国家科委、原国家经贸委、财政部、中国人民银行都联合转发了此项文件。

表3-1 1985—1994年科技成果转化政策热点关键词

序号	关键词
1	成果转化
2	科技成果转化
3	科技成果
4	出口商品
5	登记
6	结构优化
7	科技成果推广
8	科技成果转让
9	科技成果转移

3.1.3 科技成果转化政策体系的突破发展阶段(1995—2004)

这一时期,科技成果转化政策达到了33项,年均3.3项。结合表3-2的政策热点关键词,这个时期的科技成果转化政策主要有3个特点:① 科技成果转化政策的效力极大提高。第一部针对科技成果转化的法律《中华人民共和国促进科技成果转化法》出台,随后科技部、财政部等又联合颁布了《关于促进科技成果转化的若干规定》。② 政策的系统性、连续性加强,表现为科技政策和经济政策开始协同发展,共同促进科技成果转化。中共中央、国务院出台了《关于加强技术创新,发展高科技,实现产业化的决定》《科技兴贸行动计划》《关于进一步培育和发展技术市场的若干意见》。③ 财政税收政策开始在促进科技成果转化方面发挥效力。财政部颁布了《关于促进科技成果转化有关税收政策》,税务总局颁布了《关于促进科技成果转化有关个人所得税问题的通知》。

表3-2 1995—2004年科技成果转化政策热点关键词

序号	关键词
1	成果转化
2	科技成果转化
3	高新技术成果转化
4	项目
5	产学研
6	高新技术
7	农业科技成果转化
8	认定
9	专项资金
10	资金管理
11	技术创新
12	科技成果
13	产业发展
14	产业化
15	高新技术产业
16	企业
17	推广
18	项目管理
19	财税政策

3.1.4 科技成果转化政策体系的深化改革阶段(2005—2014)

表3-3统计了该阶段的政策热点关键词,总的来看,这时期的科技成果转化政策特点有:① 自主创新战略成为新时期我国科技成果转化政策的战略重点,各项政策注重对重大科技成果转化的管理,在继续提高我国科技成果转化率的同时,更强调产业化的形成。各部出台了《做好"十五"国家科技成果重点推广计划总结工作的通知》和《组织推荐2011年国家重大科技成果转化项目的通知》。② 金融、税收以及成果转化人员奖励等方面的服务性经济政策工具成为促进科技成果转化政策的重点,对成果处置权有了更明确的规定。相关政策有国家税务总局发布的《关于取消促进科技成果转化暂不征收个人所得税审核权有关问题的通知》《关于在中关村国家自主创新示范区开展中央级事业单位科技成果收益权管理改革试点的意见》。③ 政策更加注重市场调节作用,由"国家主导型"转变为"国家指导型"。政策体系不断完善,有了相对完善的政策框架。科技政策、税收政策、金融政策关联协同,具有一致的政策目标。

表3-3 2005—2014年科技成果转化政策热点关键词

序号	关键词
1	科技成果
2	科技成果转化
3	产学研
4	产业化
5	专项资金
6	项目
7	工程
8	技术转移
9	产学研合作
10	产学研结合
11	高校
12	合作
13	自主创新
14	奖励
15	科技成果
16	试点

续表

序号	关键词
17	项目认定
18	专利转化
19	资金管理
20	产业转移
21	高新技术成果转化
22	管理
23	技术创新
24	科技创新
25	农业科技创新
26	优惠政策

3.1.5 初步形成促进科技成果转化的政策体系(2015—2018)

继全国人大于2015年修订了《中华人民共和国促进科技成果转化法》后,《实施〈中华人民共和国促进科技成果转化法〉若干规定》(以下简称《若干规定》)于2016年2月由国务院颁布,《促进科技成果转移转化行动方案》(以下简称《行动方案》)于4月颁布,推进科技成果转移转化工作的"三部曲":修订法律条款、制定实施细则到部署具体工作完成,基本形成了科技成果转移转化工作体系。《中华人民共和国促进科技成果转化法》中使用的是"科技成果转化"的概念,而在随后出台的《若干规定》《行动方案》中使用了更为完整的"科技成果转移转化"概念,其概念、内涵得到了丰富和发展。2017年9月,国务院印发了《国家技术转移体系建设方案》,进一步深入落实《中华人民共和国促进科技成果转化法》,从体系布局、基础架构、转移通道、支撑保障等方面系统提出了国家技术转移体系建设方案,推动科技成果加快转化为经济社会发展的现实动力。

各部委、各地方政府也纷纷加大政策落实力度,完善具体操作办法,密集出台各项政策。2016年10月,中共中央办公厅、国务院办公厅印发了《关于实行以增加知识价值为导向分配政策的若干意见》,鼓励科研人员通过积极的科技成果转化来获得合理收入,探索通过科技成果产权对科研人员实施长期激励,体现增加知识价值为导向的分配政策。高校和科研院所是科技成果转移转化的重要供给方,教育部、科技部面向高校专门出台了《关于加强高等学校科技成果转移转化工作的若干意见》,中国科学院、科学技术部面向中国科学院专门印发《中国科学院关于新时期加快促进科技成果转移转化指导意见》,通过指导意见,要求高校和科研院所进一步完善优化机制,切实提升科技成果转移转化能力。教育部印发《高等学校科技成果转化和技术转移基地认定暂行办法》,通过打造一批高校科技成果转化和技术转移平台,形成各具特色的高校科技成果转移转化机制和模式,以促进高校科技成果转移转化能力提升。企业是科技成果转移转化的主体,财政部、科技部、国资委于2016年印发《国有科技型企业股权和分红激励暂行办法》,明确了激励对象要求、激励实施条件、激励方案管理等,2018年又发布《关于扩大国有科技型企业股权和分红激励暂行办法实施范围等有关事项的通知》,将国有科技型中小企业、国有控股上市公司所出资的各级未上市科技子企业、转制院所企业投资的科技企业也纳入激励实施范围。财政部、国家税务总局专门针对科技成果转移转化的税收问题出台了《关于完善股权激励和技术入股有关所得税政策的通知》,明确了递延纳税政策、延长纳税期限、选择性税收优惠政策的实施对象和条件。农业部、国土资源部、交通运输部、卫生计生委、国防科工局、气象局、粮食局、林业局、质检总局等颁布了本行业科技成果转化制度。北京、河北、浙江、广东等20多个省市出台了地方配套政策。我国已经初步形成了具有中国特色的促进科技成果转移转化政策法规体系。

政策高度重视科技人员,体现以人为本,将焦点放在科技人员的权利及权益上,给予科技人员更大的自主性。相关规定明确包括成果的使用权、处置权和收益权在内的权力下放,鼓励并调动科技人员参与创业,保障其权益,免除离岗创业损失等后顾之忧。建立和完善科技人员、转化人员激励措施,是这次科技成果转移转化三部曲政策的重点。除此之外,成果转化过程中其他人员的贡献和利益也得到关注。

表3-4 2015—2018年科技成果转化政策热点关键词

序号	关键词
1	科技成果转化
2	单位
3	国家
4	机构
5	技术
6	开发
7	实施
8	研究
9	企业
10	人员

续表

序号	关键词
11	项目
12	资金
13	高等院校
14	奖励
15	科技成果转移转化
16	技术转移
17	激励
18	离岗创业
19	评价
20	科研

3.1.6 科技成果转化政策体系的系统化完善阶段(2019年至今)

财政部根据《中华人民共和国促进科技成果转化法》，出台了相应管理制度，充分赋予国家设立的研究开发机构、高等院校科技成果自主管理权限，提高了科研人员转化科技成果的积极性，但仍存在一些问题。2019年财政部为贯彻"放管服"改革要求，针对科技成果授权链条较长、科技成果转化效率低的问题，发布《关于进一步加大授权力度 促进科技成果转化的通知》，进一步加大国家设立的中央级研究开发机构、高等院校科技成果转化有关国有资产管理授权力度，畅通科技成果转化有关国有资产全链条管理，促进科技成果转移转化。党的十九届五中全会提出，坚持创新在我国现代化建设全局中的核心地位，把科技自立自强作为国家发展的战略支撑，并将其摆在各项规划任务的首位进行专项部署。2020年国务院办公厅发布《关于提升大众创业万众创新示范基地带动作用进一步促改革稳就业强动能的实施意见》，提出在新冠疫情的背景下，进一步提升双创示范基地促改革、稳就业、强动能的带动作用，促进双创更加蓬勃发展，最大限度地激发市场活力和社会创造力，加强创新创业金融支持，把双创示范基地打造成创业就业的重要载体。教育部、国家知识产权局、科技部于2020年印发《关于提升高等学校专利质量促进转化运用的若干意见》，坚持质量优先，突出转化导向，强化政策引导，全面提升高校专利质量，强化高价值专利的创造、运用和管理，更好地发挥高校服务经济社会发展的重要作用。2020年科技部、财政部、教育部、中科院发布《关于持续开展减轻科研人员负担 激发创新活力专项行动的通知》，贯彻落实党中央关于持续解决困扰

第3章 科技成果转化政策的演化脉络分析

基层的形式主义问题、减轻基层负担的决策部署和中央领导同志指示精神,根据新形势新要求进一步攻坚克难,切实推动政策落地见效,减轻科研人员负担并强化激励。科技部、自然科学基金委于2020年印发《关于进一步压实国家科技计划(专项、基金等)任务承担单位科研作风学风和科研诚信主体责任的通知》,全面加强科研学风建设。科技部、教育部印发《关于进一步推进高等学校专业化技术转移机构建设发展的实施意见》的通知,进一步提升高校科技成果转移转化能力。

这一阶段的政策聚焦于激发科研人员和企业的创新活力,细化科技成果转化现金奖励机制,鼓励多元主体进行创新创业,国务院、科技部、教育部、财政部形成了一套系统完善的奖励政策机制,高度重视国家大学科技园和创新示范基地建设,关注在新挑战下打造创业载体,提升就业率。

表3-5 2019年至今科技成果转化政策热点关键词

序号	关键词
1	科技成果转化
2	创新
3	企业
4	支持
5	服务
6	发展
7	科技成果转化
8	技术
9	国家
10	机构
11	管理
12	转化
13	建设
14	科研
15	项目
16	创业
17	机制
18	评价
19	示范区
20	高新技术

3.2 我国科技成果转化政策体系的构成与结构特征

我国科技成果转化政策结构,是在政策理论指导下,通过政策工具手段达到政策目标。理论基础、政策目标和政策工具手段是组成科技成果转化政策体系的必备要素。政策的理论基础为政策目标和政策工具手段提供依据。科技成果转化政策的目标,总的来说就是通过优化组合政策工具手段,促进、引导或激励科技成果转化。政策工具手段可以分为政府直接资助、权益归属政策工具、奖励政策工具、税收政策(表3-6)。

表3-6 科技成果转化政策体系结构

政策目标	作用对象		政策工具手段	
(促进)科技成果转化	重点领域	技术研发支持	收益权	人才政策
(建设)创新体系	高新技术产业	资金项目	税收优惠	平台建设
	示范工程	自办企业	金融系统	国土资源
	示范区	技术转让	贴息	
	新型研发机构		奖励政策	
			奖励意见	
			成果奖励	
			个人奖励	
			绩效奖励	

3.2.1 政府资助政策的结构与特征

政府资助政策数量在政策样本中占绝对优势,从《2001年度科技部农业科技成果转化资金项目》到2005年《农业部实施农业科技成果转化资金项目管理暂行规定》,2011年《国家科技成果转化引导基金管理暂行办法》,以及2014年《中央财政农业科技成果转化与技术推广服务补助资金管理办法》,都是国家直接对科技成果转化进行资金项目的资助。在转化初期,政府资助政策方便制定长期的科研规划,有利于制定协调一致的科技政策目标,使政府对成果转化更富于预见性。

但就长远来看,政府的大包大揽会破坏市场作用,阻碍科研企业发挥主动性,其作用应该从主导型转为指导型。

3.2.2 权益归属政策的结构与特征

科技部、财政部在2002年颁布的《关于国家科研计划项目研究成果知识产权管理的若干规定》以及2011年颁布的《关于在中关村国家自主创新示范区开展中央级事业单位科技成果收益权管理改革试点的意见》,明确了项目承担单位的权限和成果的所有权,极大地促进了科技成果承担单位的积极性和创造性。2015年修订的《中华人民共和国促进科技成果转化法》规定,高校教职员工在执行本校及其所属单位任务,或主要利用本校及其所属单位的物质技术条件所完成的发明创造或者其他技术成果,无论是个人独立完成的,还是团队合作完成的,无论研发资金来自中央、地方政府,还是来自企业或个人,都属于学校职务发明创造或职务技术成果。2016年《若干规定》中指出:"国家设立的研究开发机构、高等院校对其持有的科技成果,可以自主决定转让、许可或者作价投资,除涉及国家秘密、国家安全外,不需审批或者备案。"科技部《中国科学院关于新时期加快促进科技成果转移转化指导意见》中指出:"院属单位应结合工作实际,制定科技成果市场定价的相关政策。根据科技成果的类型和属性,确定协议定价、在技术交易市场挂牌交易、拍卖等市场化定价方式适用范围和实施流程;需要对成果名称和拟交易价格等信息进行公示的,应当就公示方式、公示范围和公示异议处理程序等具体事项做出明确规定。"《国土资源部促进科技成果转化暂行办法》鼓励企业化转化方式,各单位可以利用持有的科技成果自主创办高新技术企业,开展成果转化活动;支持与企业共建研发平台、技术转移机构或者技术创新联盟等,加快实施科技成果转化。2020年国务院颁布《关于促进国家高新技术产业开发区高质量发展的若干意见》,鼓励商业银行在国家高新区设立科技支行;支持金融机构在国家高新区开展知识产权投融资服务,支持开展知识产权质押融资,开发完善知识产权保险,落实首台(套)重大技术装备保险等相关政策。

但是从实际执行情况来看,效果并不理想,主要是因为政策制定者在政策制定过程中过多强调目标的设定,缺乏具体的操作细则条例,导致政策约束力和操作性不强。

3.2.3 奖励政策的结构与特征

表3-7 我国科技成果转移转化奖励政策体系

序号	名称	时间	主要内容
1	《中华人民共和国促进科技成果转化法》	1996年	第二十九条和第三十条都明确规定了要对参与完成科技成果及其转化的人员给予奖励
2	《国家科技成果推广项目奖励暂行规定》	1998年	将成熟、适用的先进科技成果大规模地推广应用于国民经济建设和社会发展事业。推广项目奖励等级按项目推广规模、效益、机制创新和对行业或产业技术进步的推动作用进行综合评定
3	《中华人民共和国合同法》	1999年	第十八章第三百二十六条对科技人员的奖励做出规定,并且提出技术成果入股的奖励措施
4	《国家科学技术奖励条例》	2003年	奖励在科学技术进步活动中做出突出贡献的公民、组织,调动科学技术工作者的积极性和创造性,加速科学技术事业的发展,提高综合国力
5	《中华人民共和国促进科技成果转化法》	2015年	研究开发机构、高等院校主管部门以及财政、科学技术等相关行政部门应当建立有利于促进科技成果转化的绩效考核评价体系,将科技成果转化情况作为对相关单位及人员评价、科研资金支持的重要内容和依据之一,并对科技成果转化绩效突出的相关单位及人员加大科研资金支持
6	《实施〈中华人民共和国促进科技成果转化法〉若干规定》	2016年	对技术转化转让收入分配给出了方向性、底线性政策:在技术转让或者许可所取得净收入、作价投资取得的股份或者出资,开展技术开发、技术咨询、技术服务获得收入中提取不低于50%的比例,用于奖励职务科技成果完成人和为成果转化做出重要贡献的其他人员,他们获得奖励的份额不低于奖励总额的50%。大学科研人员在完成本职工作的前提下,经征得单位同意,可以兼职到企业等从事科技成果转化活动,或者离岗创业
7	《关于实行以增加知识价值为导向分配政策的若干意见》	2016年	强调要重视科研机构、高校中长期目标考核。结合科研机构、高校分类改革和职责定位,加强对科研机构、高校中长期目标考核,建立与考核评价结果挂钩的经费拨款制度和员工收入调整机制,对评价优秀的加大绩效激励力度。完善科研机构、高校财政拨款支出、科研项目收入与支出、科研成果转化及收入情况等内部公开公示制度

续表

序号	名称	时间	主要内容
8	《关于加强高等学校科技成果转移转化工作的若干意见》	2016年	高校科技成果转移转化绩效纳入世界一流大学和一流学科建设考核评价体系
9	《促进高等学校科技成果转移转化行动计划》	2016年	省级教育行政部门定期汇总高校科技成果转移转化报告内容,完善科技成果转移转化绩效评价机制,将科技成果转移转化成效纳入高校考核评价体系,分类指导高校科技成果转移转化工作
10	《国土资源部关于印发促进科技成果转化暂行办法的通知》	2016年	加强科技成果转化绩效激励。将科技成果转化业绩纳入单位绩效考评体系,作为科技人员职称评定、岗位管理等的重要依据
11	《关于促进国防科技工业科技成果转化的若干意见》	2016年	应用类科研项目立项时,应明确项目承担者的科技成果转化责任,并将其作为验收的重要内容和依据。对科技成果转化绩效突出的相关单位和个人加大科研资金的支持力度
12	《关于推广支持创新相关改革举措的通知》	2017年	高校和科研院所采取年薪制、协议工资制或项目工资等灵活多样的形式引进紧缺或高层次人才
13	《关于深化产教融合的若干意见》	2017年	支持企业、学校、科研院所围绕产业关键技术、核心工艺和共性问题开展协同创新,加快基础研究成果向产业技术转化。将成果转化作为项目和人才评价的重要内容。高等学校科研人员依法取得的科技成果转化奖励收入不纳入绩效工资,不纳入单位工资总额基数
14	《关于抓好赋予科研机构和人员更大自主权有关文件贯彻落实工作的通知》	2018年	赋予科研单位和科研人员更大自主权,切实减轻科研人员负担,调动科研人员积极性;各高校、科研院所要按照规定,完善评价激励机制,对科技成果的主要完成人和其他对科技成果转化做出重要贡献的人员,区分不同情况给予现金、股份或者出资比例等奖励和报酬
15	《关于优化科研管理提升科研绩效若干措施的通知》	2018年	赋予科研人员更大技术路线决策权、赋予科研单位科研项目经费管理使用自主权。加大对承担国家关键领域核心技术攻关任务科研人员的薪酬激励。开展赋予科研人员职务科技成果所有权或长期使用权试点
16	《关于进一步弘扬科学家精神加强作风和学风建设的意见》	2019年	实行科研机构中长期绩效评价制度,加大对优秀科技工作者和创新团队稳定支持力度。加强宣传,营造尊重人才、尊崇创新的舆论氛围

续表

序号	名称	时间	主要内容
17	《关于进一步支持和鼓励事业单位科研人员创新创业的指导意见》	2020年	兼职创新、在职创办企业人员可以在兼职单位或者创办企业申报职称,到企业兼职创新的人员,与企业职工同等享有获取报酬、奖金、股权激励的权利
18	《关于事业单位科研人员职务科技成果转化现金奖励纳入绩效工资管理有关问题的通知》	2021年	现金奖励计入所在单位绩效工资总量,但不受核定的绩效工资总量限制,不作为人力资源社会保障、财政部门核定下一年度绩效工资总量的基数,不作为社会保险缴费基数

科技成果转化奖励政策极大地调动了科研人员的积极性,促进了我国科技成果向现实生产力转化。但是目前科技成果转化奖励政策还存在与国有资产管理等政策不衔接、实施过程中对科技人员股权激励难以落实等问题。

3.2.4 税收政策的结构与特征

税收政策在推动科技成果转化方面发挥着重要作用。自20世纪90年代末以来,为全面推进科技成果转移转化,国家配套出台了与科技成果转化相关的一系列税收优惠政策,如表3-8所示。2015年《中华人民共和国促进科技成果转化法》修订以来,促进科技成果转移转化的税收政策体系已经形成。

表3-8 我国科技成果转移转化税收政策体系

序号	名称	时间	主要内容
1	《关于促进科技成果转化有关税收政策的通知》	1999年	机构的技术性服务收入免征企业所得税,获奖人取得股份、出资比例暂不缴纳个人所得税
2	《关于促进科技成果转化有关个人所得税问题的通知》	1999年	职务科技成果以股权形式给予科技人员奖励,经审核后暂不征收个人所得税;获得分红、转让均按20%税率计征个人所得税,原值为零
3	关于贯彻落实《中共中央国务院关于加强技术创新,发展高科技,实现产业化的决定》有关税收问题的通知	1999年	对单位和个人从事技术转让、技术开发业务和与之相关的技术咨询、技术服务业务取得的收入,免征营业税;对企业(包括外商投资企业、外国企业)为生产引进《国际高新技术产品目录》所列的先进技术,按合同规定向境外支付的软件费,免征关税和进口环节增值税

第3章 科技成果转化政策的演化脉络分析

续表

序号	名称	时间	主要内容
4	《中华人民共和国企业所得税法》	2007年	居民企业技术转让所得不超过500万元的部分免征企业所得税,超过500万元的部分减半征收企业所得税
5	《关于取消促进科技成果转化暂不征收个人所得税审核权有关问题的通知》	2007年	取消科技成果转化暂不征收个人所得税的审核权
6	《关于非货币性资产投资企业所得税政策问题的通知》	2014年	居民企业以非货币性资产对外投资确认的非货币性资产转让所得,可在不超过5年期限内,分期均匀计入相应年度的应纳税所得额,按规定计算缴纳企业所得税
7	《中华人民共和国促进科技成果转化法》	2015年	科技成果转化享受税收优惠
8	《关于完善股权激励和技术入股有关所得税政策的通知》	2016年	对符合条件的非上市公司股票期权、股权期权、限制性股票和股权奖励实行递延纳税政策;对技术成果投资入股实施选择性税收优惠政策
9	《国家税务总局关于3项个人所得税事项取消审批实施后续管理的公告》	2016年	科研机构、高等学校或者获奖人员,应在授(获)奖的次月15日内向主管税务机关备案,报送《科技成果转化暂不征个人所得税备案表》、技术成果价值评估报告、股权奖励文件及其他证明材料,由奖励单位留存备查①
10	《关于提高科技型中小企业研究开发费用税前加计扣除比例的通知》	2017年	开展研发活动中实际发生的研发费用,未形成无形资产计入当期损益的,在按规定据实扣除的基础上,再按照实际发生额的75%在税前加计扣除;形成无形资产的,在上述期间按照无形资产成本的175%在税前摊销②
11	《关于科技企业孵化器、大学科技园和众创空间税收政策的通知》	2018年	对国家级、省级科技企业孵化器、大学科技园和国家备案众创空间自用以及无偿或通过出租等方式提供给在孵对象使用的房产、土地,免征房产税和城镇土地使用税;对其向在孵对象提供孵化服务取得的收入,免征增值税

---

① 关于3项个人所得税事项取消审批实施后续管理的公告
http://www.chinatax.gov.cn/n810341/n810755/c2278694/content.html
② 关于提高科技型中小企业研究开发费用税前加计扣除比例的通知
http://www.chinatax.gov.cn/n810341/n810755/c2597736/content.html

然而,在当前政策的实施过程中,也暴露出不同科技成果转化模式下税收政策的问题特征。

一是个人和单位在不同转化方式下的税负差异较大,可能造成转化方式选择的利益冲突。对于个人而言,技术转让的税负远大于技术入股的税负,导致科研人员更倾向于选择技术入股的方式。技术转让和技术入股是高校、科研院所科技成果转化的两种主要模式。对于技术转让,科研人员获得的现金奖励按《中华人民共和国个人所得税法》规定的"工资、薪金所得"科目计税,与科研人员的当月正常工薪所得合并实行3%~45%的7级超额累进税率;对于技术入股,科研人员获得股权奖励,按《关于促进科技成果转化有关个人所得税问题的通知》规定,于股权转让时按20%税率计征个人所得税。相比而言,技术入股模式下的税率(20%)远低于技术转让模式下的税率(最高45%)。对比上海理工大学的太赫兹技术入股与同济大学的激光薄膜制备技术转让案例,前者科研人员可享受1035万元的个税递延纳税优惠,后者则面临当期缴纳1242万元的税负压力。因此,两种模式下的税负差异可能会导致科研人员倾向于选择技术入股模式以规避高税率。

对于单位而言,技术入股的税负远大于技术转让的税负,导致单位更倾向于选择技术转让的方式。首先,根据《中华人民共和国企业所得税法》,技术转让所得不超过500万元的部分免征企业所得税,超过500万元的部分减半征收企业所得税;而技术入股模式下的企业所得税税率没有优惠,仅可在5年内分期递延纳税。其次,"营改增"过程中关于技术入股的税收优惠并未得到延续,高校资产经营公司实施技术入股需缴纳增值税。这两方面均可能促使高校或高校资产经营公司倾向于选择技术转让模式,从而诱发高校与科研人员在转化路径选择上的矛盾冲突,不利于高校科技成果顺利实施转化。

二是某些情形下的技术入股模式中,个人无法享受所得税递延纳税政策。2005年《教育部关于积极发展、规范管理高校科技产业的指导意见》中规定,高校应将其所有经营性资产划拨到高校资产经营公司,由其代表学校持有对企业投资所形成的股权。当前,采用技术入股方式实施科技成果转化时,高校通常先将专利所有权划拨给高校资产经营公司,再由后者实施技术入股(即"高校—划拨资产经营公司—技术入股企业"路径)。在此路径下,技术入股的投资主体是高校资产经营公司,科研人员与高校资产经营公司、技术入股企业间均不存在雇佣关系。根据有关政策文件,享受递延纳税政策须满足:投资主体是"科研机构、高等学校"(国税发〔1999〕125号文)或者激励对象为"本公司技术骨干和高级管理人员"(财税〔2016〕101号文)。因此,技术入股模式下,国税发〔1999〕125号文和财税〔2016〕101号文均无法适用。这导致科研人员不仅无法享受递延纳税政策,而且将面临两次征税:一是在获得股权时,需对股权账面价值按"工资、薪金所得"(最高税率为

45%)缴纳个人所得税;二是在转让股权时,再对股权增值部分按"财产转让所得"(税率为20%)缴纳个人所得税。

3.3 政策网络对我国科技成果转化政策变迁的影响

我国科技成果转移转化政策变迁是一个复杂的过程,其中存在很多利益群体的互动。本书采用政策网络理论的分析框架,以罗茨的分类方法将影响政策变迁要素的行动者加以分类和整合,史清晰地还原并展示出在科技成果转移转化政策变迁过程中各行动者的互动过程。

3.3.1 我国科技成果转化政策的政策网络主体构成

我国科技成果转移转化政策的政策网络囊括了中央政府、各级相关部委、地方政府、产学研三方、专家学者、相关媒体等行动者。

(1) 政策社群:中央政府、财政部、税务局、科技部、教育部、建设部等部门

处于内层的政策社群包含整个政策网络中最具决定性的核心权力人物,在科技成果转移转化政策的制定与执行过程中起到核心作用。政策社群包括政策权威以及承担相应职能的国家行政机关,这一网络中的行动者在等级森严的官僚体制下彼此紧密相连,并保持频繁而有序的互动。

中央政府:对我国科技成果转移转化政策制定的总目标和总方针进行顶层设计。1996年5月第八届全国人民代表大会常务委员会第十九次会议通过的《中华人民共和国促进科技成果转化法》对"促进科技成果转化"进行权威定义,其表述的核心和宗旨是"促进科技成果转化为现实生产力",拉开了科技成果转移转化政策从起步建立到突破发展的帷幕。2015年全国人大修订《中华人民共和国促进科技成果转化法》后,2016年2月国务院颁布了《实施〈中华人民共和国促进科技成果转化法〉若干规定》,初步形成促进科技成果转移转化政策法规体系。

在科技成果转移转化政策的变动过程中,中央政府发布有关科技成果转移转化的权威性政策文件往往基于两种情况:一是根据中央重要会议的相关精神指示,由中央政府牵头,要求相关部门研究或拟定改革方案,并最终由中央政府正式发布该方案或办法。为了保证政策的权威性和严肃性,这种自上而下的政策倡导一般只针对合法性较高的政策,政策一经发布便会立即进入行政性执行阶段。2016

年2月颁布的《实施〈促进科技成果转化法〉若干规定》正是由国务院主导。二是由其他相关政府职能部门作为政策的主要牵头部门,负责制定政策方案并实施,在中央政府审议其出台的具体方案办法后,通过批转的方式以示认可。1999年国务院批转了科技部等部门《关于促进科技成果转化若干规定的通知》,实为对有关职能部门政策制定的认可和支持。

财税主管部门:作为税收设计与管理的核心职能部门,任何一项税收政策的制定、落实、评估都离不开国家税务总局和财政部的参与。1999年《关于贯彻落实〈中共中央国务院关于加强技术创新,发展高科技,实现产业化的决定〉有关税收问题的通知规定》《关于促进科技成果转化有关个人所得税问题的通知》《关于促进科技成果转化有关税收政策的通知》三项具有代表性的政策,正是由财政部和税务总局制定的。

科技部、教育部、建设部等部委:科技成果转移转化政策的目标集越丰富,介入其中的职能部门便越多。相关的职能部委对科技成果转移转化政策改革与中共中央的核心信念保持一致,为其"元政策"的出台提供支持,尤其在政策变迁的第三、四、五阶段,这种合力支持表现得越加明显,各部委对政策过程的参与也更为频繁。例如,1999年科技部、教育部关于贯彻落实《国务院办公厅转发科技部等部门关于促进科技成果转化若干规定的通知》,2014年科技部、财政部关于印发《国家科技成果转化引导基金设立创业投资子基金管理暂行办法》的通知,2016年教育部、科技部《关于加强高等学校科技成果转移转化工作的若干意见》,2020年科技部、财政部、教育部、中科院《关于持续开展减轻科研人员负担 激发创新活力专项行动》的通知等。高校科技成果转移转化政策的牵头部门主要还是科技部,参与政策会签或意见汇总的相关部委很多,但大多仅就涉及本部门职权受影响的事项提出意见和建议,对政策制定和变迁过程不起主导作用。这些部委属在政策社群中处于科技成果转移转化决策的外围圈层,对政策的参与深度和动力不及科技部门。

在科技成果转移转化政策的政策社群中,各行动者通过中共中央重要会议、国务院常务会议、年度工作报告等互动机制,在与政策议题相关的所有事务上进行高质量的频繁互动,形成一致的价值认同和利益诉求。因此,政策社群中行动者对政策的输出往往是正和博弈的结果。

(2) 府际网络:各级地方政府

府际网络的主要行动者是地方政府以及地方人大常委,他们是中央政策的主要推广与执行者。在我国科技成果转移转化政策的变迁过程中,政策试点成为中央政府推行改革的主要工具,这使得地方政府更频繁地参与到了政策制定和执行过程中,并体现出一定的自主性。由于政策社群与府际网络在政策价值观及主导性上存在着制度上的区隔,因此,随着彼此间互动频率的增加,各地方政府与中央政府间的博弈现象也明显增多。

如国家农业部发布的《关于做好2006年度粮食行业农业科技成果转化资金项目经费管理并做好验收准备的通知》中提到:"请项目承担单位总结项目实施两年来取得的经济社会效益,突破的技术瓶颈,技术熟化程度,并提出项目实施过程中发现的问题及下一步工作计划"。而在江苏省出台的科技成果转化政策中,比较常见的是专项资金项目的申报,很少注意到项目资金政策的反馈情况。这从侧面可以看出,目前地方科技成果转化专项资金项目政策重"申报"轻"实施",注重科技成果转化项目的前端支撑,而对成果转化后的效率、产值、税收贡献率缺乏考核,这也在一定程度上纵容了部分企业的"圈钱"行为。

(3) 生产者网络:产学研三方

作为政策网络主体中必不可少的网络互动主体,生产者网络的出现导致了政策的出现和发展。科技成果转移转化政策制定中的生产者网络主要是产学研三方主体。科技成果转移转化政策的制定将会对实施科技成果转移转化的高校、科研院所、企业产生很大的影响。在出台了一系列政策之后,企业从中收益颇多,高校和科研机构也享受到了许多优惠政策。他们组成了生产者网络,寻求与政策网络中其他行动主体的互动从而满足自身的利益诉求,不断推动着科技成果转移转化政策更好更快更全面地发展。

(4) 专业网络:专家、学者

根据政策网络主体分类,专业网络中主要包括对政策研究的专家、学者。他们拥有专业背景,站在专业立场思考问题,能够为政策社群和府际网络提供切实可行、科学的政策建议,使决策结果趋于合理化,因此专业网络中的专家、学者与社群网络、府际网络保持着密切联系。专家、学者们参与政策制定过程也有多种多样的形式,如向中央政府和地方政府提建议、创建微信公众号和微博、发表相关的论文、申报相关的课题等。

政策社群、府际网络会重点关注那些引领社会主流价值观的专家、学者,因为他们对政策进行研究的过程中所产生的观点具有很强的政策影响力。政策社群和府际网络会将其吸纳,为其所用,成为社会上熟知的政府"智囊团",他们在政策决定过程中发挥着不可小觑的作用。

(5) 议题网络:媒体

纵观整个政策网络体系,在政策社群、府际网络和议题网络中起着关键作用的媒介非媒体莫属,由报纸、电视广播、网络等介质传递的价值观和利益偏好深深影响着整个政策网络。媒体通过舆论方式参与政策制定和执行,它们既能宣扬积极的正能量,传播主流文化来引领大众,也能散播消极思想,用鼓吹的方式影响舆论走向。最需要注意的一点是,它能影响的大众群体、年龄阶层相当广泛,而它造成的舆论效果却是难以控制与预测的,因此媒体的社会影响力与专家、学者一样不容小觑。当然,正因为媒体的影响力如此之大,必须谨慎对待媒体舆论,合理监督其行为。在科技成果转移转化政策发展进程中,大众媒体针对一系列政策发表了许多看法,这些报道能够引起政策社群和府际网络对政策的关注,也能够吸引民众积极参与其中,形成有效互动。随着社会变迁与经济的发展,媒体所产生的影响力还会继续加深。

以上的行动者依照其特征,由内向外划分为内层的政策社群、府际网络和部分的专业网络。内层行动者拥有超然的权力和资源,因而是政策网络的核心;而处在中层的专家、学者及部分的议题网络、生产者网络成员针对科技成果转移转化政策改革的方方面面的效应展开论战,在政策的后期逐步成为引导公共舆论的核心力量;处于网络外层的是由大众媒体组成的议题网络,起初,他们由于信息不对称而处于参与决策的劣势,但随着文化嬗变以及政策认同度的改变,他们会与其他网络体系合作,以掌握更多信息和资源,试图影响政策结果(图3-1)。

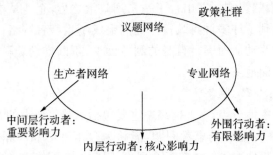

图3-1 科技成果转移转化政策网络示意图

3.3.2 政策网络主体对政策变迁的影响

(1) 行动者的价值输入对政策变迁的影响

首先,政策社群的价值观念主导了政策变迁的方向。科技成果转移转化政策历经由起步建立到突破发展、深化改革,最后初步形成政策体系几个阶段,其背后体现了中央政府核心价值观念的转变。政策社群作为政策网络中的内核行动者,其价值信念的转变将直接导致政策目标的改变,形成具有一定价值与规范的元政策和基本政策,从根本上促成了政策的变迁。

在政策变迁的第一阶段,国内市场百废待兴,中共中央、国务院把建设重点更多地放在市场经济建设方面,因此科技成果转移转化政策基本处于空白。

1988年,随着"科学技术是第一生产力"的提出,政策社群的价值观发生了改变,开始建立国家的软制度环境,推动科技成果转化,包括《中华人民共和国科学技

第 3 章　科技成果转化政策的演化脉络分析

术进步法》《中华人民共和国专利法》及《中共中央关于建立社会主义市场经济体制若干问题的决定》等。

1996 年,在"科教兴国"战略指导下,政策社群的价值观发生了较大的改变,第一部针对科技成果转化的法律《中华人民共和国促进科技成果转化法》出台。科技成果与经济协同发展,科技部、财政部等相关部委根据各自统管领域制定相关的科技成果转化政策。这一阶段科技成果转移转化政策得到突破发展。

2012 年"创新型国家建设"、2016 年"十三五"、2020 年"十四五"的提出,深入持续地影响了科技成果转移转化政策的变迁。在这一阶段,政策社群的价值观不仅在其内部体系中得到了高度的统一,而且在整个政策网络中,也得到了其他次级网络的认同。因此,政策变迁的过程较为顺利,基本形成了较为完善的科技成果转移转化政策体系。

其次,专业网络的信念倡导政策变迁的进程。专业网络与议题网络的作用力在政策变迁的第三、第四、第五阶段开始显现出来,专业网络中的专家、学者以及议题网络中的媒体不断地向政策社群输入其价值理念,并促进了政策政治流和政策流的汇集,激发了政策社群对政策合法性的思量,加速了政策的变迁进程。

(2) 行动者的利益分化影响政策结果

以我国科技成果转移转化政策与江苏省科技成果转移转化政策为例,我国在促进科技成果转化时将目标定位在创建科技成果转化的环境,鼓励企业通过科技成果转化来加强自主创新。通过建立和完善科技成果转化的基础设施,增强企业的科技成果转化能力,制定创新战略,增加研究和开发投入,实施有效的人才政策,最终形成以增强科技成果转化为主体的国家技术创新体系。而在江苏省的科技成果转化政策中,政策目标主要强调两个方面:一是增强本地区优势产业,如集成电路、太阳能光伏、生物制药等的科技成果转化能力,提高这些产业的核心竞争力,形成产业集群。二是发展苏北落后地区,促进苏北落后地区经济的发展。国家和地方政府在科技成果转化政策目标的确定方面侧重点不同,地方政府会更倾向于从本地区的区位因素出发,结合本地区的实际情况有重点、有目标地制定政策。

(3) 行动者的力量变化对政策变迁的影响

在我国科技成果转移转化政策变迁的起步和建立阶段,处于网络内核的政治精英占有绝对的主导地位,从政策方案规划到议程设定都自上而下、一贯而终。到政策变迁的突破发展阶段之后,政策网络逐步由封闭走向开放,政策议程也逐步向更多的集体或单一的行动者开放,有越来越多的集体行动者加入政策制定的讨论中。

政策社群占有主导地位。中国作为单一制国家,政令的上传下达具有极高的实效性，中央政府对科技成果转移转化的控制策略不可动摇。政策社群居于整个国家管控体制中的权力核心，而由于其内部有着频繁稳定的互动并基本认同政策的核心价值，仍能通过不断交换内部权力和资源输出政策，因此在整个政策制定和推行过程中一直发挥着极其重要的作用。

府际网络自主权增强。如国家财政部颁布的《关于促进科技成果转化有关税收政策》中提出，科研机构的技术转让收入继续免征营业税，对高等学校的技术转让收入自1999年5月1日起免征营业税；税务总局颁布的《关于促进科技成果转化有关个人所得税问题的通知》中提出，自1999年7月1日起，科研机构、高等学校转化职务科技成果以股份或出资比例等股权形式给予个人奖励，获奖人在取得股份、出资比例时，暂不缴纳个人所得税。相应地，江苏省发布的《关于技术合同享受减免税收优惠政策等有关问题通知》《关于鼓励和促进科技创新创业若干政策》中，就提出了"税收优惠""信贷担保""贴息""信用担保支持"等不同方式的税收金融支持方式。再如，1996年《中华人民共和国促进科技成果转化法》第二十九条和第三十条都明确规定了要对参与完成科技成果及其转化的人员给予人才优惠政策和奖励；1999年颁布的《中华人民共和国合同法》第十八章第三百二十六条以及《国务院办公厅转发科技部等部门〈关于促进科技成果转化的若干规定〉的通知》都对此做出了规定。江苏省的《关于在科技计划项目实施中加强创新创业人才引进与培养的暂行办法》《关于组织申报2010年度"江苏省高层次创新创业人才引进计划"的通知》中，都规定按照国家、省引进高层人才的有关政策措施，妥善解决引进高层次人才工作条件、签章、落户、执业资格、医疗、保险、税收、配偶安置、子女入学、驾照转换等方面的问题。具体到各个市，都建立了具有自身特色的人才政策，如镇江市专门为科技人员建立了集住宅、医疗、教育、休闲为一体的新区科技园，并且成立专门的科技新城管委会，专门为新区的科技企业人员服务，解决他们的各种困难。江苏省在国家科技成果转移转化政策指导下，积极主动发挥自主权，制定地方科技成果转移转化政策。

议题网络政策影响力扩大。一方面是专家、学者借助自身资源禀赋，采取各种形式，如参加论坛会议、发表学术论文、在网络媒体中发声，通过舆论中心再造以影响科技成果转移转化政策的制定与执行。另一方面，自由媒体积极地跟进各项改革事件的报道，为舆论造势，以期激起舆论的巨大反响。媒体的报道与传播，构建了非正式的政策信息系统，促成了信息资源的共享，拉近了公众与决策者的距离。尤其是在政策变迁的后两个阶段，这些媒体工作者、相关的专家学者的话语权有了增强的趋势。

3.3.3 政策网络互动对政策变迁的影响

(1) 科技成果转移转化政策起步与建立阶段的网络互动分析

在科技成果转移转化政策起步与建立阶段,专业网络尚未成型,网络间的互动形式比较单一,以权威控制和合作为主(图3-2)。政策社群以"立法"的形式使政策在其他各级网络中行政性地执行。因此,在此阶段,政策社群和府际网络皆属于政治权力使然的强者,而相较于此,议题网络则属于弱势群体,而在促进科技成果转化的宏观政策背景下,生产者网络依然可以通过响应政策社群的倡导,与政策社群和府际网络合作以寻求政策保护。此外,府际网络向政策社群寻求政策支持,进而寻求地方财政的最大化;政策社群也积极地与府际网络合作,保持政策执行过程中自上而下的命令高度统一。强势网络的合作联盟更加弱化了议题网络,加之此时的议题网络是一个极其松散的网络,其价值观念和利益诉求不统一,因而容易接受政策权威的政策信念,并受到政策核心的权威控制。因此,政策社群得以主导本阶段科技成果转移转化政策变迁的全过程。

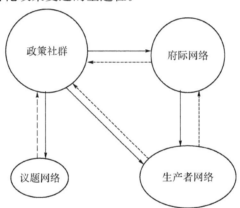

图3-2 政策起步与建立阶段的网络互动图

(2) 科技成果转移转化政策突破发展和深化改革阶段的网络互动分析

在这两个阶段,政策社群对社会意识的控制仍是绝对的,但与上一阶段相比,其控制性有所弱化。政策社群、府际网络与专业网络,政策社群、府际网络与议题网络,以及专业网络与议题网络这几个政策网络主体间的互动增多(图3-3)。生产者网络通过向专业网络学习专业知识来提高自身,从而开始向政策社群和府际网络提出自己的设想方案和相关的政策建议。府际网络依旧重视与社群网络的互动,在社群网络制定的针对全局的政策下发挥地方主观能动性,在地方政策的制定过程中更有自主权与话语权。与前阶段不同的是,议题网络的话语权/结构性在此阶段开始强化。

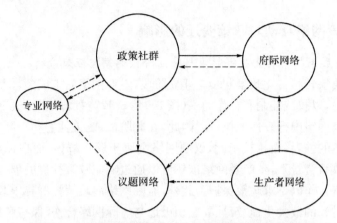

图 3-3　政策突破发展与深化改革阶段的网络互动图

（3）科技成果转移转化政策体系初步形成阶段的网络互动分析

在这一阶段,不论是政策社群、府际网络还是生产者网络都积极在议题网络中争取更多的话语权,试图引导公众开展政策认知(图 3-4)。应该说,合作共治是本阶段各行动者互动的常态。政策的决策与方案的规划不再是内层核心的黑箱操作,而是扩大到整个议题网络之中,利用报刊、网络等媒体平台,人人皆可参与讨论、了解决策方向、开展政策学习、调整政策预期。

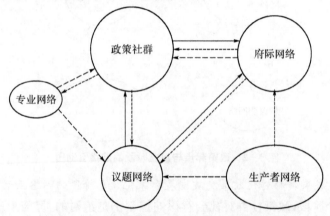

图 3-4　政策体系初步形成阶段的网络互动图

通过对上面几个阶段的分析可以看出,在整个科技成果转移转化政策网络中,五大行动主体之间的互动日趋频繁与密切,这无疑是为科技成果转移转化政策体系的建立与健全提供了指导。在整个科技成果转移转化政策网络中,政策社群处于政策权威地位,府际网络则拥有更多的资源,专业网络和议题网络有了更多的话语权,生产者网络寻求到越来越多的协助。五大行动主体之间的频繁互动共同促进科技成果转移转化政策体系的建立。

第4章

高校科技成果转化的现状和问题：
基于24所高校的深度调查

南京作为重要的国家区域中心城市、科教中心城市,拥有高等院校53所(江苏167所),双一流大学12所(江苏15所),高校层次、类型齐全丰富,高端人才密集,科教资源优势得天独厚。然而,南京科技创新资源、科技人才和科研成果却迟迟难以变成反哺经济社会发展的"真金白银"。《2018中国创新城市评价报告》对20个创新城市的系统评价显示,在创新条件方面,南京(第1位)遥遥领先于深圳(第9位),但是创新活动、创新投资指数,南京(第4位、第8位)明显落后于同期深圳(第2位、第1位),特别是南京创新影响居全国第10位,与深圳(第3位)形成强烈反差。作为"一带一路"建设节点城市、长三角副中心城市,南京的高校科技创新对区域经济社会发展支撑能力羸弱,科技与经济"两层皮"的弊病尤为突出。南京也认识到作为全国唯一的科技体制综合改革试点城市的责任与使命,必须有效破解科教资源优势发挥不够充分、科技成果转化"肠梗阻"等难题,于2017年启动"两落地一融合"工程①,激发高校科技创新活力。为此,本章节选取在宁24所本科高校(不含民办)为研究对象,对24所高校在2011—2017年间科技成果转化的状况进行系统分析②,试图窥探出高校科技成果转化的现状及存在的基本问题。

4.1 高校科技成果转化评价维度设定

4.1.1 评价维度选择

从前文可知,由于科技成果的概念模糊、边界分歧,自然衍生出学者们对科技成果转化及其评价的分道扬镳,这里也包括高校科技成果转化评价的多元化认知。本书对高校科技成果转化评价的相关经典文献进行了有效整理(表4-1)③。通过系统研究与对比,学者对高校科技成果转化评价多采用投入—产出的思路,集中从科技资源投入、科技成果产出与科技成果转化效益(效果)等方面展开分析。

---

① "两落地一融合",即科技成果项目落地、新型研发机构落地、推进校地融合发展的总称。
② 针对选取时间跨度"2011—2017年"的问题,笔者需要说明的是,截至2022年6月,教育部公布的最新"高等学校科技统计资料汇编"为《2021年高等学校科技统计资料汇编》,但2019—2021年的高等学校科技统计资料汇编未提供各高校的明细数据,考虑本书以24所高校为研究对象及数据统计资料的权威性,选择截止到《2018年高等学校科技统计资料汇编》中统计的2017年的高校数据为研究时间节点。
③ 由于就高校科技成果转化评价主题的相关研究成果较多,但并没有形成较为统一的评价标准、评价体系等,因此本书参考刊载于CSSCI期刊、被引次数前十位的文献。

第 4 章 高校科技成果转化的现状和问题：基于 24 所高校的深度调查

表 4-1 高校科技成果转化能力评价相关研究

作者	一级指标
罗茜(2018)	创新资源投入、科技成果产出、科技成果转化
Langford(2006)	创新投入、成果产出、效果指标
周宏(2009)	成果转化潜力、成果开发能力、转化能力、转化效益
阎为民(2006)	成果转化潜力、成果转移、成果转化、转化环境
Arundel(2006)	研究投入、转化产出潜能、实际应用
郭俊华(2016)	转化条件、转化实力、转化效果
柴国荣,等(2010)	转化条件、支撑能力、转化效果
张明喜(2013)	科技经费、人力与支撑投入；经济效益、社会效益
石善冲(2003)	开发能力、转化能力、转化直接效果
张平(2011)	转化机构、研发效率、利益分配、专利管理、转化政策、转化效益

本书基于前期研究基础，对淳馨、陈红喜、姜春等学者构建的高校技术转移(科技成果)现状评价指标体系(一级指标体系为支撑条件、外在环境、转移成效)进行发展与完善。本书确定高校科技成果转化评价可大致从高校科技创新投入、科技成果转化平台、高校科技成果产出、科技成果转化效果等四个维度展开研究。其中，高校科技创新投入是高校开展科学研究服务的基础与实施科技成果转化的必要条件，主要包括科技活动人员、科技机构建设、科技经费、科技项目等科技资源的投入；科技成果转化平台是开展科技创新活动的有效性的基础，不仅涉及各类技术转移机构建设，也应将校级管理制度供给情况纳入考虑；高校科技成果产出是科学研究活动的结晶与体现，主要包括软科技成果、知识产权与专利等；科技成果转化效果是科技成果先进性、效益性、影响力等的重要体现，特别是在科技强国战略背景下，对原创性科技成果的迫切需求更为关切，可以从科技成果获奖、技术成果转让活动两方面进行衡量。

4.1.2 评价维度设定原则

本书对高校科技成果转化的评价维度及指标选取遵循如下几个原则：

一是科学性与可获性相结合。展开科技成果转化评价必须尊重科技创新规律、成果转化规律，综合考量评价导向对科技人才晋升、科技活动开展等相关行为的(直接、间接)影响。为此，本书在评价维度设定过程中，遵循科技成果从无到有再到效益效果的评价思路展开，较为符合科技创新评价的科学性。本书在充分考虑指标科学性的基础上，多渠道采集数据，从国家教育部科技统计资料、南京市科技创新概要、调研访谈等途径保证了评价体系指标数据的可获性。

二是完整性与客观性相结合。高校科技成果转化涉及高校、企业、政府等主体,其评价体系要囊括社会的诸多因素,周全考虑高校科技成果转化的支撑条件、外在环境、转化成效等诸多视角。此外,科技成果转化评价指标过少,会影响评价结果,但是指标过多,也并非代表数据的有效性,同时会增加数据收集的成本。另外,实用性也是客观性的应有之义。在实证分析过程中,需要对选取的评价指标进行计算分析,所以在选取指标时,要尽量选取那些可以直接量化的定量指标,保证评价结果的实际意义。因此,需要结合目前的实际情况和统计数据,选取适量的评价指标,在保证测量体系完整性的同时,能够有效反映高校科技成果转化的客观情况。

三是导向性与先进性相结合。综合评级指标系统的设置,全面地反映了高校科技成果的现状,应当能够在今后促进高校科技成果转化的进程中发挥一定的导向功能。另外,国内高校科技成果转化评价研究的思路多注重"科技成果转化效率",与国际通行做法尊重知识生产、创造规律的"科技成果价值导向"有所偏离。在科技强国建设中,注重科技创新评价机制与国际接轨尤为重要。

4.2 高校科技成果转化现状分析

4.2.1 科技创新投入

4.2.1.1 科技活动人员

(1) 教学与科研投入人员总量较大,年均增长率保持在2%以上

创新型人才培养是高校三大使命任务之一,是大学内涵化建设的核心,也关系着激发创意、培养创新和激发创业的意愿与能力。而教学与科研人员投入无疑是保证人才培养质量的重要性因素。2011—2017年间,教学与科研人员数从2.64万人增加到3.41万人(图4-1)。其中,部委属高校人员较多,2017年达到1.65万人,接近当年省属高校与市属高校人员之和。但我们也可以发现,2017年,省属高校投入力度增大,教学与科研人员总量与部委属高校相当,也达到了1.65万人。从投入年增长程度看,省属高校与市属高校均呈现出持续增长的势头,相较于2011年,2017年底省属高校人员增幅为46.01%,尤其是南京医科大学人员投入力度较大,达到6 323人,是兄弟院校的3~4倍,同时其在医学类院校里的人员投

第 4 章 高校科技成果转化的现状和问题:基于 24 所高校的深度调查

入也超过部委属高校(中国药科大学人员投入为 990 人)。市属高校次之,增幅为 30.79%。2016 年部委属高校人员数量不升反降,人员投入总量较 2011 年下降 1.31%,2017 年再次上升,但相比 2011 年增幅为 15.72%。这反映出自党的十八大以来,随着创新驱动发展战略的日益深入,院校积极调整学科布局,充实教学与科研人员力量,为更好地培养创新型人才做好充足的人力资本基础。

图 4-1 在宁高校科研与教学人员数量

(资料来源:根据历年高等学校科技统计资料汇编数据整理所得)

(2) R&D 全时当量人员规模突破万人年,部委属高校占绝对比重

研究与开发工作是高校开展科学研究活动的基础。R&D 全时当量人员关系着科技创新活动活跃度,是服务经济社会的重要条件。2011—2017 年间,在宁高校 R&D 全时当量人员基本保持在 1 万人年以上(图 4-2),至 2017 年底达到 1.60 万人年,较 2011 年增长 45.74%,尤其是 2017 年的增幅较明显。其中部委属高校 2017 年有 8 722 人,占在宁高校 R&D 全时当量人员的半数以上,2016 年部委属高校 R&D 全时当量人员总量"一反常态"出现明显下滑,较上年下降 15.68 个百分点,但是在 2017 年出现了大幅度上升,较 2016 年增长了 48%。省属高校 R&D 全时当量人员基本呈现稳步增加的趋势,尤其是在 2016 年底 R&D 全时当量人员基本与部委属高校持平,环比增加 33.39 个百分点(同年度部委属高校环比下降15.68%);市属高校 R&D 全时当量人员总量偏少,对 R&D 活动投入的积极性不高,但统计年间均保持一定程度的增加。这说明部委属高校在 R&D 投入方面尤其强有实力,研究与开发活动强度较高,但省属高校对 R&D 投入的热度不减,且其投入的力度不低于部委属高校。同时笔者也发现,理工类院校在 R&D 投入方面明显高于文医艺类院校,在宁 24 所高校中东南大学、南京大学、南京理工大

学等三所高校 2017 年 R&D 全时当量人员总量均在 1 000 人年以上（分别为 1 690 人年、1 145 人年和 1 085 人年），省属高校中南京医科大学 2017 年 R&D 全时当量人员总量在 1 000 人年以上，而南京工业大学 2016 年投入相较于前一年增幅达到 136%。

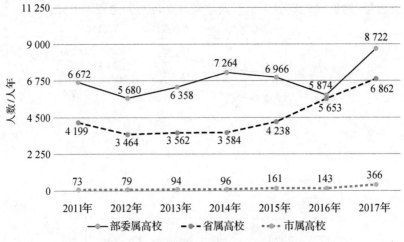

图 4-2 在宁高校 R&D 全时当量人员

（资料来源：根据历年高等学校科技统计资料汇编数据整理所得）

4.2.1.2 科技机构建设

（1）重点实验室数量较多，部委属高校科研设施完善

重点（专业）实验室是国家（中央政府、地方政府）为促进高校科技资源集成、切实引领科技进步和增强科技支撑经济社会发展能力而在各类科技创新主体（特别是高校院所）设立的，在不断增强支撑学科建设的同时，追踪重大前沿科技领域原始创新探索以及解决应用基础研究问题的科技研究载体与科技成果孵化平台。在科技成果研发与转化过程中，重点（专业）实验室特别是在科学研究、人才队伍建设方面涌现出一批具有重大国际影响力的科技成果和科研团队，业界视之为孕育科学研究领军人才的"摇篮"。

调研结果显示，在宁高校拥有各级（国家级、省部级）重点实验室 214 所，科研基础雄厚。其中部委属高校占 52.8%，省属高校占 45.8%，市属高校占 1.4%。在宁部委属高校在国家级重点实验室上拥有明显优势，拥有 15 所，占全省总数的 75%，特别是南京大学占 7 所。在宁 14 所省属高校拥有省级实验室总量较多，但在个体上差异较大，特别是南京师范大学、南京工业大学拥有 13 所省级重点实验室，数量位于前列。另外，根据江苏省教育厅发布的重点实验室评估结果对建设期满的 72 家省重点实验室（含 4 家省部共建基地）的建设和运行绩效评估，结合国家

第 4 章 高校科技成果转化的现状和问题:基于 24 所高校的深度调查

重点实验室年度报告结果,发现参评的 34 家在宁重点实验室,获得优良的有 27 家,占比 79%。这些重点实验室在为在宁高校创造原创性科研成果、高水平科技人才培养、承担国家和省部级重大科研任务等方面表现较好。

(2)工程研究中心布局广泛,个体差异化特征显著

工程技术研究中心与重点(专业)实验室迥异。工程技术研究中心以限制提升区域自主创新能力为重点,以如何把科技成果转化为现实生产力为主题,推进科技成果孵化、产业化,是实现科技成果跨越"死亡之谷"的桥梁与纽带。统计年间,在宁高校依托国家重大科技计划、科技重大专项等项目的实施,在不断推进传统产业技术升级改造、提升科学技术工程化及产业化能力和促进新业态、新技术、新产品成形以及培养高素质专业化工程技术人才等方面取得了积极效益。统计年间,在宁高校拥有各级(主要是国家级、部级)工程技术研究中心 134 个(图 4-3),其中国家级工程技术研究中心 15 个,占全省的 1/4;省级工程技术研究中心 92 个;各部委工程技术研究中心 27 个。调查同时发现,分布领域涉及较为全面,且较符合南京战略发展需求,其中制造业 23 个,电子与信息通信 21 个,新材料 31 个,现代农业 12 个,食品产业 9 个。总体上,部委属 7 所高校的各类工程技术研究中心拥有量较多,达 79 个,省属 14 所高校仅有 52 个。但也可以看到,部委属高校中个别高校拥有量低于省属高校。南京工业大学(12 个)、南京工程学院(10 个)优势明显。

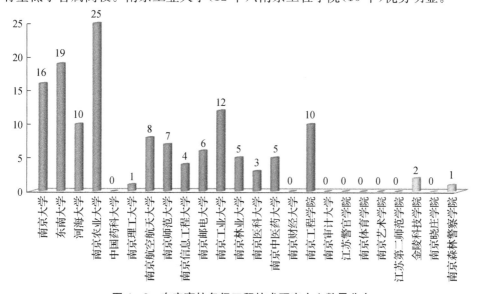

图 4-3 在宁高校各级工程技术研究中心数量分布

(资料来源:历年国家工程技术研究中心年度报告、江苏省教育厅、各高校官网)

(3) 协同创新中心建设稳中有增,成效良莠不齐

高校协同创新中心是推进产学研深度合作的重要平台。它体现着学科知识生产能力,对衔接与建设行业产业共性技术研发基地,增强区域创新发展引领性作用,以及打造良好的创新创业文化具有重要意义。统计年间,江苏"2011协同创新中心"共5所,在宁高校牵头的有4所,其中部委属高校占3所,省属高校仅南京工业大学获批建设1所。江苏省"十二五"期间,共立项建设高校协同创新中心59所,其中在宁高校拥有38所,占64.4%;培育建设江苏高校协同创新中心名单12所,在宁高校拥有6所,占总数的一半。

推进高校协同创新网络体系的发挥,特别是立足高校自身基础与优势学科,有效地集聚社会各方科技资源,加速高校知识融合、知识生产与推进技术创新和区域发展战略的深度融合,就需要适时引导协同创新中心建设和运行。笔者依据江苏省相关部门对江苏高校协同创新中心绩效评估结果,按照评估等级A+、A、B分别赋值2分、1分、-1分进行数据处理(表4-2),发现部委属高校协同创新中心质量总体较好,省属高校绩效较为一般,东南大学绩效优于其他单位。但是也存在部分高校,如南京林业大学、南京中医药大学表现不佳,运营与建设能力有待完善。

表4-2 在宁高校省级协同创新中心建设绩效情况(不含培育建设)

学校名称	协同中心数/个	平均分	学校名称	协同中心数/个	平均分
东南大学	4	1.25	南京理工大学	2	0
中国药科大学	1	1	南京信息工程大学	2	0
南京大学	5	0.6	南京邮电大学	2	0
南京医科大学	2	0.5	南京工业大学	2	0
南京农业大学	3	0.33	南京财经大学	2	0
河海大学	4	0.25	南京林业大学	2	-1
南京师范大学	4	0	南京中医药大学	1	-1
南京航空航天大学	2	0			

资料来源:江苏省教育厅关于江苏高校协同创新中心绩效评估结果。

4.2.1.3 科技经费投入

(1) 科技经费投入总量逐年攀升,政府资金拨款是主要来源

科技经费是高校组织、实施和发展科技活动计划的重要条件,经费的总体规模及其成分反映着高校执行相关科技创新政策和链接经济社会发展的组织网络关系频繁程度。2011—2017年,在宁24所高校科技经费投入规模逐年增加,2016年突破百亿关口,达到1 083 608万元,2017年更是达到了1 210 639万元,相较于2011年,增幅达73.4%(图4-4)。统计年间,年均增加9.67个百分点。此外,基于科

技经费投入结构分析,可以有两点发现:一是政府财政资金投入是高校科技经费的主要来源,占全部投入的比重始终保持在50%以上,特别是在2014年以后占高校科技经费投入的比重保持在60%以上(如2015年65.54%,2016年66.77%,2017年60.45%),政府对高校科技创新愈发重视,2017年底政府财政性资金拨入731 822万元,遥遥领先于其余各类科技经费投入。二是企事业单位委托资金呈现波动。2014年以前,企事业单位委托资金均保持一定程度的增长,2015年企事业单位委托资金小规模增长,2016年企事业单位委托资金滑落至291 363万元,该投入环比下跌11.18个百分点,而2017年又出现了较大幅度的增长。2016年经济发展新常态背景下,产业转型升级、发展换挡调速度,实体经济发展困难重重,这在一定程度上抑制了企业用于技术升级改造的投入,导致高校科技经费来源于企事业单位的收入缩减,而2017年相应的刺激政策发生了作用。

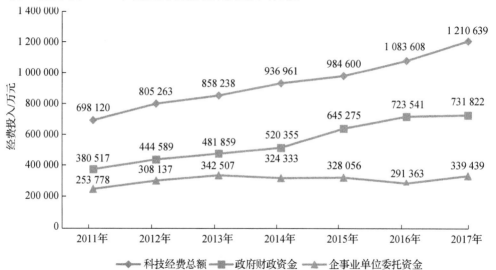

图 4-4 在宁高校科技经费投入情况

(资料来源:根据历年高等学校科技统计资料汇编数据整理所得)

(2)企事业单位委托资金增加,部分省属高校占比超过一半

科技经费投入中企事业单位委托资金的占有比例变化在一定程度上能够反映高校资源对接地区发展,特别是服务区域内企业科技研发需求,是校企融合、校地互动程度的重要指标。2011—2017年间,在宁24所高校科技经费投入中利用企事业单位委托资金的规模在不断扩大,实现从2011年的253 778万元增加到2017年的339 439万元(图4-4)。虽然绝对值在上升,但相对值却在下降,企事业单位委托资金部分占当年高校科技经费投入的比重从2011年的36.35%,到2017年只占28.04%,其中2016年更是下滑至最低点26.89%(图4-5)。从各类高校层面

进行分析,发现在分税制改革以及高等教育转型压力驱动下,省属高校积极面向服务区域经济社会发展,将区域产业发展、科技创新程度与高校发展战略紧密贴合,积极服务企业创新发展,来自于企事业单位委托资金收入比重不断扩大,2014年超过部委属高校(省属高校占比为35.48%、部委属高校占比为34.47%)。2017年省属高校积极开展校企协同、校企合作等多种形式的产学研活动,企事业单位委托资金收入进一步扩大,占当年科技经费的32.62%,高于部委属高校的26.58%。

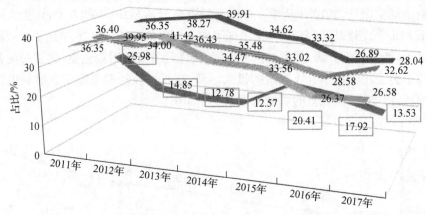

图4-5 在宁高校企事业单位委托资金占科技经费投入比重情况
(资料来源:根据历年高等学校科技统计资料汇编数据整理所得)

在具体深入分析在宁高校企事业单位委托资金来源情况时,有如下发现:一是以统计期内企事业单位委托资金占高校科技经费收入平均比重(为28.25%)来看,超过平均水平的高校有10所(图4-6),其中部委属高校和省属高校各5所,部委属高校中河海大学平均占比最高,省属高校中南京邮电大学平均占比最高。二是理工类高校科技经费来源中企事业单位委托经费占比较高,平均占比在40%以上的5所高校均为理工类高校,与此相反,财经类体育类院校科技经费来源主要依靠政府财政拨款,企事业单位委托经费较少,甚至有的为零。这可能反映出理工类院校在开展科技创新研究活动较为频繁。此外,医药类院校科技经费来源差异性显著,部委属高校中国药科大学科技经费来源中企事业单位委托经费占比为33.34%,但反观省属高校南京医科大学、南京中医药大学科技经费来源中企事业单位委托经费占比仅在10%左右。这在一定程度上体现了高校定位、发展战略对科技经费布局的影响。

第 4 章 高校科技成果转化的现状和问题：基于 24 所高校的深度调查

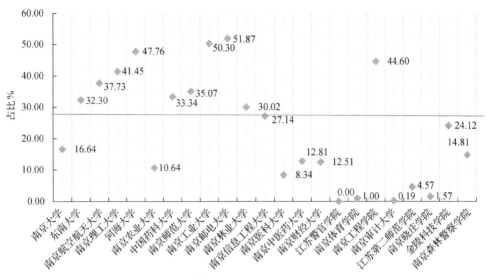

图 4-6　在宁高校企事业单位委托资金占比情况

（资料来源：根据历年高等学校科技统计资料汇编整理所得。由于南京艺术学院数据缺失，故本图未进行统计）

4.2.1.4　科技项目

（1）科技项目总量扩大，部委属高校承接能力较强

开展科学研究是高校的基本使命之一，其中承接科技课题及能力是体现高校科技活动的重要衡量指标。高校通过承担各类科技项目，凭借集聚学科特色、人才优势、科研基础设施、外部协同等优良条件，主动承接来源于国家、地方以及市场等方面的课题，积极面向世界科技前沿，开展前瞻性、突破性研究；面向经济主战场，推动科技和经济的多维度融合；围绕国家重大战略需求，着力攻破事关现代产业体系建设的"卡脖子"技术、关键核心技术，抢占全球产业链价值制高点。通过分析发现，2011—2017 年，在宁高校各类科技项目规模迅速扩大，承接科技项目总量从 17 116 项增加到 26 115 项，增幅达到 52.58%。这说明在宁高校开展科学研究的积极性较高，承接各类科技课题的能力与水平在不断提升。此外，在各类高校中，部委属高校承接科技课题的总量占在宁高校承接科技课题数量的 60% 以上，年总量超过省属高校与市属高校承接科技课题数量之和，除 2017 年相比 2016 年有所下降外，2011—2016 年年均增长率在 10% 左右。市属高校承接科技课题能力偏弱，年科技课题数量不超过 500 项，但年均增幅较为迅速，特别是金陵科技学院，是市属高校中承接科技课题数较多的高校，占同层次高校科技课题总量的一半以上（图 4-7）。

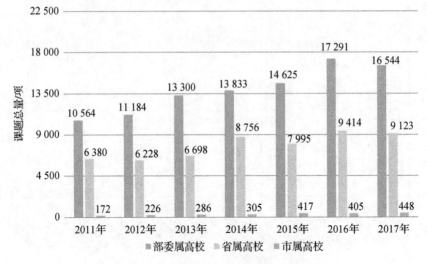

图4-7 在宁高校承接科技课题总量情况

(资料来源:历年高等学校科技统计资料汇编整理)

(2) 省属高校承接科技课题波动性较大,对市场反应敏感度较高

省属高校在承接科技课题方面与其他类高校表现出异质性。通过对在宁省属高校的深入分析,发现统计年间省属高校年承接科技课题环比波动性较大,呈现"过山车"式的增长趋势(图4-8)。2014年承接科技课题总数8 756项,环比增加

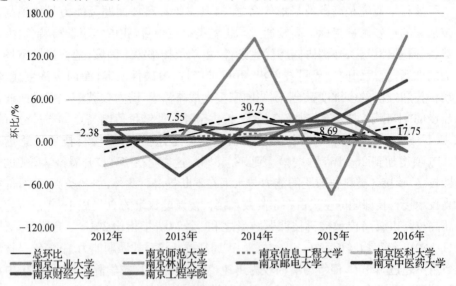

图4-8 在宁省属高校承接科技课题环比情况

(资料来源:历年高等学校科技统计资料汇编整理)

30.73%,为统计期内增幅最大的年份,然而2015年底省属高校承接科技课题数仅为7 995项,环比下降8.69个百分点,为统计期内下降最为明显的年份。随后2016年,这一数量增加到9 414项,环比增长17.75%,与2015年底的环比下降相差15个百分点。

具体分析各高校时,发现各高校年度承接科技课题变化幅度也较为剧烈,个别高校连续年份承接科技课题数量差距1 800余项,变化幅度达到150多个百分点。这深刻地反映出省属高校科技课题来源稳定性较差,特别是来源于企事业单位委托课题的波动性较大。这一点可以从省属高校南京工业大学的情况体现出来。南京工业大学产学研合作、校企联合办学等方面紧密贴合江苏产业发展规划,在校教师及科研人员创办新型研发机构、自办企业、学科型公司等方面的探索走在全省前列,高校学科发展紧紧围绕企业发展需求,在承接科技课题来源上以企事业单位委托项目居多,2013年承接科技课题首次超过千项,达到1 013项,是省属高校层面的探索者。2014年这一数量翻一番,达到2 489项,增幅达到145.71%,承接科技课题能力显著超过兄弟院校。然而,2015年江苏产业转型迫在眉睫,企业委托科技研发项目大幅缩减,2015年南京工业大学承接科技课题数仅为677项,下降72.8个百分点,2016年该校开源节流,主动对接化工类、制造业企业发展需求与成长瓶颈,承接科技课题数量达到1 679项,较上一年度增加148.01%,2017年承接科技课题数量达到2 012项,再次增加19.8%。

4.2.2 科技成果转化平台

4.2.2.1 技术转移机构

(1) 技术转移示范机构建设率较高,运行绩效良好

科技服务业是伴随着科技创业支撑经济社会发展所衍生出的新兴产业。对加速科技创新和科技成果转化,实现把概念成果推向市场有着重要的意义。其中,技术转移机构建设对成果产业化的作用不容忽视。它能够有效耦合高校、一流园区、产业联盟、特色产业基地,为高校科技成果转化提供市场化、专业化、高端化服务,实现科技要素资源的自由流动、高效配置,是推进高校科技成果转化的孵化器、加速器。统计结果显示,在宁高校建有技术转移机构(国家级、省级)17家,建设率为71%。其中,经科技部认定的国家技术转移示范机构13家(部委属高校6家,省属高校7家),经省级部门认定的技术转移示范机构4家。依据科技部对高校国家技术转移示范机构考核评价以及江苏省相关部门公布的高校技术转移中心绩效评估结果,可以发现,在宁高校技术转移机构优良率为100%,13家国家技术转移示范机构全部获得B及以上的等次(图4-9)。部委属高校中,南京大学、南京理工大

学技术转移机构服务绩效突出,评估结果为 A 等次;省属高校中,南京工业大学、南京邮电大学技术转移机构建设积极性较高,服务科技成果转化能力与水平较强,被评为 A 等次。对照 2019 年 2 月教育部公布的首批高校科技成果转化和技术转移机构基地认定名单,发现在宁部委属高校仅有南京理工大学入列(同层次高校,江苏入围 3 家),在宁省属高校无一家入围(同层次高校,江苏入围 2 家),说明省属高校技术转移机构建设能力有待进一步提高与完善。

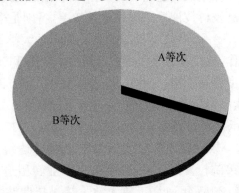

图 4-9　在宁高校技术转移示范机构(中心)绩效评估情况

(2) 大学科技园建设灵活,校地合作共建突出

大学科技园是科技创业创新的重要载体,既是高校进一步依托既有科研、人才等优势,优化开放式创新创业环境,发挥源头创新作用,全面实现大学内涵化建设的发展需要,也是推动科技资源集成、开放与流动,支撑新旧动能转化,不断提升服务区域经济社会发展的有力体现。在宁高校已建和筹建的各级(国家、省和市级)大学科技园共 14 家,其中部委属高校国家级大学科技园的建设率较高,达到 71.43%。省属高校建设国家级大学科技园 3 家,分别为南京信息工程大学、南京邮电大学和南京工业大学,省级大学科技园 8 家。但仍有 30% 左右的高校尚没有建设大学科技园。值得注意的是,在组建科技园形式上,各类高校多样灵活,有自建、校校联合建设、校府联合创建、高校与高新区出资共建等四类。特别是高校与地区政府、高新技术园区合力共建科技园特征明显,占一半以上。例如,东南大学国家大学科技园选择与地方政府(不限于南京市)合作共建的模式,已建有玄武园区、建邺园区等 8 家区域性科技园区,孵化培育 1 千余家科技型企业。南京师范大学科技园(市级)是南京师范大学与吴中高新技术产业开发区协同建设的科技创新载体。说明在宁高校与地区互动意愿较强。为了体现在宁高校大学科技园服务地方创新发展能力,笔者根据南京市政府科技创业创新载体绩效评价结果,分析发现:在宁高校 14 家大学科技园全部合格,其中 6 家国家大学科技园达到优良。另外,科技部、教育部对高校国家大学科技园免税条件审核结果显示,在宁高校有 4 家

(江苏9家)享受税收优惠政策,分别是南京理工大学国家大学科技园、东南大学国家大学科技园、南京工业大学国家大学科技园、南京邮电大学国家大学科技园。

(3)众创空间建设参差不齐,尚有半数高校未覆盖

众创空间是科技成果转化链条的重要环节。它主要依托大学科技园、工程(技术)研究中心等创新载体,围绕高校学生、科研人员等草根创客为服务对象,通过提供便利化、集成化、开放式的科技资源共享网络,激发草根创新创业,加速科技成果孵化,催生小微企业创新创业。从众创空间建设的类别来看,在宁高校拥有各级众创空间(国家级备案、省级备案)21家(表4-3),其中,国家级众创空间偏多,拥有14家,占比66.67%,省级众创空间7家。从众创空间建设覆盖率来看,建有众创空间的在宁高校有12所,仍有半数高校未建有各类众创空间。其中,不乏有部委属高校尚没有建设众创空间。省属高校建有众创空间的积极性不高,众创空间覆盖率不足50%(仅为42.86%)。在高校方面,南京大学、东南大学、南京理工大学、南京邮电大学、南京工业大学等5所高校表现突出,建有众创空间数均在2家以上(含2家)。另外,可以发现医学类院校建设众创空间严重不足,部委属高校中国药科大学以及省属高校南京医科大学、南京中医药大学等3所高校尚没有建设众创空间孵化器。

表4-3 在宁高校建有众创空间(国家级、省级)情况

隶属层次	学校名称	众创空间	
		国家级/家	省级/家
部委属高校	南京大学	2	2
	东南大学	2	0
	南京理工大学	1	2
	南京航空航天大学	1	0
省属高校	南京邮电大学	3	0
	南京信息工程大学	1	0
	南京财经大学	0	1
	南京工程学院	1	0
	南京艺术学院	0	1
	南京工业大学	2	0
市属高校	金陵科技学院	1	0
	南京晓庄学院	0	1

众创空间建设是高校科技成果转化的重要中介平台。南京市定期对包括众创空间在内的科技创业孵化器进行评价,按评价结果给予不同程度的资金滚动支持,以此激发高校创新创业积极性和能力,更好地促进众创空间提质增效。评价显示,在宁高校国家级、省级众创空间合格率为95.24%,其中部委属高校、省属高校众创

空间优良率在90%以上。在服务苏南国家自主创新示范区建设方面,有6家高校众创空间入选"苏南国家自主创新示范区优秀众创空间",占南京入围总数的54.55%。

4.2.2.2 校级管理制度供给

推进科技成果转化,既需要激发科技源头供给,又需要以制度创新释放产学研结合红利,规范科技成果研发与转化行为,为高校科技成果转化全流域"保驾护航"。关于科技成果转化的相关法律、法规、方案等渐趋丰富,高校作为政策的基层执行主体,需要按照相关公共政策的要求,结合本校办学实际,及时出台高校层面的对照管理办法,以此完善科技成果转化政策生态。经调研发现,南京工业大学、南京大学等高校在2004年、2005年就已率先制定高校科技成果转化促进办法,对科技成果转化的管理关注度较高(表4-4)。这为指导高校科技成果转化及产业化提供了良好的制度条件。在2015年《中华人民共和国促进科技成果转化法》修订之前,制定相关科技成果转化办法的在宁高校有10家,占比仅有四成。新修订法颁布后,陆续有6家在宁高校制定了校级科技成果转化管理细则,但是有一定比例的高校仍然未出台促进科技成果转化的配套措施。

表4-4 在宁高校出台促进科技成果转化相关管理办法情况[①] 单位:项

出台时间	学校名称	管理办法	数量
2001—2005年	南京大学、南京工业大学	《南京大学科技成果转化条例》(南字发〔2005〕210号)、《南京工业大学科技成果产业化管理办法》(南工校科〔2004〕2号)……	4
2006—2010年	南京理工大学、南京晓庄学院	《南京理工大学科技成果管理办法》《南京晓庄学院科研量化、奖励与资助暂行办法》(南晓院〔2010〕121号)……	3
2011—2015年	东南大学、南京信息工程大学、南京林业大学、金陵科技学院	《东南大学科技成果管理办法》《南京信息工程大学科技成果转化管理办法》《南京林业大学技术转移管理办法》《金陵科技学院科技工作激励与科技成果奖励暂行办法》……	7
2016年—至今	河海大学、南京农业大学、中国药科大学、南京航空航天大学、南京邮电大学、南京财经大学	《河海大学科技成果转化管理办法》《南京农业大学科技成果转移转化管理暂行办法》《中国药科大学促进科技成果转化实施办法》……	10

---

① 由于高校出台科技成果转化相关管理办法更新较为频繁,为了更能凸显各类高校对科技成果转化的重视程度,本表对涉及的高校,均尽可能追溯至高校制定科技成果转化管理办法的较早时间,以此为标准纳入统计。

4.2.3 科技成果产出

4.2.3.1 软科技成果

(1) 科技著作成果稳步增加,部委属高校为主产区

2011—2017年间,在宁高校累计产出各类科技著作1 199部,实现从2011年103部稳步增加至2017年208部,年均产出量为171部(图4-10)。其中部委属高校产出795部,占在宁高校科技著作产出总量的一半以上,达到66.31%,年均产出114部,说明部委高校基础研究较为扎实,在理论前沿探索和实践经验总结方面有较强意识和创新能力。部委属高校中东南大学、河海大学、南京大学科技著作产出排在前三位,分别为254部、131部、114部。省属高校数量众多,但其科技著作产出量为385部,仅占部委属高校的48.43%,基础研究与应用基础研究科技成果弱于部委属高校。但南京医科大学例外,其科技专著产出总量为147部,远远高于兄弟院校及大部分部委属高校,仅次于东南大学。

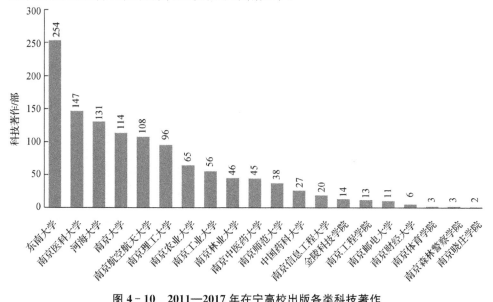

图4-10 2011—2017年在宁高校出版各类科技著作

(资料来源:根据历年高等学校科技统计资料汇编数据整理所得,由于部分高校数据有缺失,故本图仅统计20所在宁高校)

(2) 科技论文产量逐年攀升,高质量成果以部委属高校居多

科技论文是科学研究的产出,论文数量与质量是科技人员认识规律、把握规律的科学化理论结晶,在一定程度上体现着机构、区域乃至国家的科技创新能力。在科技强国目标指引下,第三次科技革命引来的科学研究活动的压力与动力,必然伴

随着科研人员科技论文的发表。科技论文数量与影响程度仍然是基础研究活动的重要指标。2011—2017年间,在宁高校科技论文产出总量稳步增加,累计产出326 730篇科技论文(图4-11)。特别是在2017年科技论文产量达到峰值53 032篇。部委属高校科技论文产量是科技论文产出主力军,占在宁高校科技论文产出总量的64.58%,年发表量超过其他层次高校同年度发表之和。统计期间,南京大学、东南大学发表科技论文量超过或接近40 000篇(分别为44 292篇、39 497篇),是在宁其他高校科技论文产出的数倍。东南大学在2017年发表的科技论文达到了8 190篇,高居当年度第一位。省属高校科技论文发表总量为部委属高校产出量的一半左右。具体分析高校时发现,各高校科技论文发表数量存在较大差异性,统计期间南京医科大学科技论文数量达到29 123篇,而南京邮电大学、南京师范大学也接近20 000篇,分别达到19 781篇、17 704篇。以2017年为例,2017年南京医科大科技论文总量居兄弟院校首位,达到4 250篇,而南京师范大学、南京工业大学紧随其后,分别为3 713篇和3 295篇。

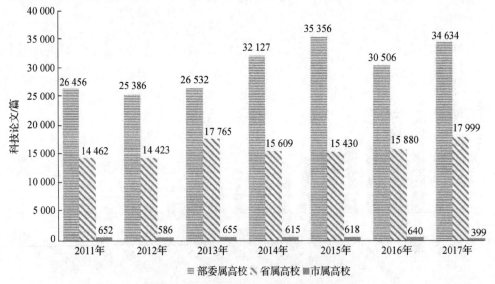

图4-11 在宁高校发表科技论文情况

(资料来源:根据历年高等学校科技统计资料汇编数据整理所得)

此外,科技论文的质量也尤为重要。科技论文的传播存在规律性,一般认为在文献发表后的3~5年的时间窗口内形成该文献的被引用峰值。基于此,笔者依据相关数据,综合分析得出:在宁高校科技论文在国内外产生重要影响力,对深化产学研间的科研活动协作关系有积极作用。2017年,南京大学、南京农业大学、南京

第 4 章　高校科技成果转化的现状和问题：基于 24 所高校的深度调查

航空航天大学 3 所高校入围"中国卓越国内论文[①]高校前 30 所",南京大学、东南大学入围"中国卓越国际论文高校前 30 所"。南京大学、东南大学被长期列入"表现不俗论文前高校 30 所"和"高校产学共创排行 30 所"。这在一定程度上反映出高校与企业之间的科技合作活动较为密切和深入。

4.2.3.2　知识产权与专利

(1) 专利申请量稳步增加,发明专利授权量积极向好

专利申请、授权及有效情况是科技创新能力的重要体现。一直以来,高校在专利申请、授权等方面优于其他类型专利申请人。2011—2016 年间,在宁高校专利申请量总体呈现不断增长趋势,2016 年达到 18 195 件,年均增幅 17.53%(图 4-12[②])。在个别年份,在宁高校专利申请量增幅明显(如 2016 年较前年环比增加 31.94%),反映出在宁高校自主创新意识与积极性较高。其中,发明专利申请数也保持稳步增加,年均增幅达到 21.73%,明显快于专利申请增速。

图 4-12　在宁高校专利申请和授权情况

(资料来源:根据历年南京科技统计要览整理所得)

从专利授权情况看,在宁高校专利授权情况总体向好。截至 2016 年底各类专利授权数为 37 769 件,年均增长 15 个百分点。分析发明专利授权情况时,在宁高校发明专利授权量累计达到 18 367 件,占专利授权量的 48.63%(将近半数),说明在宁高校自主创新的能力与水平较好,专利成果质量有明显改善。统计年间,在宁

---

① 卓越国内论文,该概念的界定与衡量标准主要参考中国科学技术信息研究所历年发布的《中国科技论文统计结果》《中国高校创新发展报告》等。与"卓越国内论文"不同,下文中的"表现不俗论文"侧重于反映科技论文的国际影响力程度。

② 由于数据可得性等因素,本图未列各类高校专利申请、发明专利申请、专利授权及发明专利授权等情况,该情况可以通过表 4-5(在宁高校入围发明专利授权量前 50 名)辅助研究。

高校入围教育部关于高校发明专利授权量 TOP50 榜单的有 6 所(表 4-5),多为理工类高校。从入围情况来看,统计年间,在宁高校发明专利授权量占当年入围高校发明专利授权总数的比例基本保持在 10% 左右。说明在宁理工类高校自主创新能力较强,特别是长期入围的东南大学、南京航空航天大学、河海大学等高校专利产出能力优势明显。

表 4-5 2011—2016 年在宁高校入围发明专利授权量前 50 名情况

入围高校	2011 年	2012 年	2013 年	2014 年	2015 年	2016 年
东南大学	1 538 件	650 件	700 件	732 件	1 453 件	1 200 件
南京航空航天大学	649 件	294 件	264 件	315 件	484 件	600 件
河海大学	—	199 件	202 件	331 件	575 件	651 件
南京工业大学	596 件	252 件	197 件	258 件	325 件	—
南京大学	806 件	322 件	299 件	278 件	321 件	—
南京理工大学	—	—	—	—	—	345 件
小计	3 589 件	1 717 件	1 662 件	1 914 件	3 158 件	2 796 件
占当年入围量比	21.75%	9.20%	8.91%	9.10%	10.56%	8.99%

(资料来源:教育部科技发展中心的相关统计资料)

(2) 工科类院校有效发明专利拥有量较多,专利创新指数靠前

通常情况下,有效发明专利拥有量被视为科技创新能力及科技成果质量的重要参考。相较于专利申请量等,有效发明专利拥有量更能够体现科技成果的市场价值及潜在前景。统计结果显示,至 2016 年底在宁高校有效发明专利排名在全国前 50 名的有 4 所(江苏同期 6 所入围),分别是东南大学拥有有效发明专利量 4 665 件、南京航空航天大学 1 969 件、南京工业大学 1 412 件、南京大学 1 288 件。其中,东南大学排在全国第 4 位,居全国高校前列。另外还可以发现,入围高校均是工科类院校,在宁医学类、体育类、财经类等高校有效发明专利较少。统计期内,有 16 所在宁高校进入全国有效发明专利 500 强(图 4-13),其中 7 所部委属高校全部入围,8 所省属高校入围。部委属高校专利创新性较强,全国排名大多在 100 名左右,特别是东南大学位居全国第 4 位,遥遥领先。省属高校排名均在前 200 名之内,市属高校金陵科技学院专利创新性也较为良好(居于全国第 96 位)。东南大学、河海大学、南京航空航天大学和南京工业大学进入前 30 名。这反映出在宁高校高校创新主体的科研创新能力较强,自主创新能力较为突出。入围全国 500 强的在宁高校有效发明专利量达 40 472 件,其中部委属高校有效量为 28 843 件,占 69.78%,省属高校有效量为 10 902 件。

| 第4章 | 高校科技成果转化的现状和问题：基于24所高校的深度调查

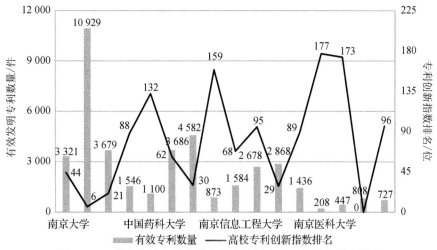

图 4-13 在宁高校有效发明专利数量及专利创新指数排名情况

（资料来源：根据中国大学有效专利排行榜500强、高校专利创新指数500强榜等整理所得）

4.2.4 科技成果转化效果

4.2.4.1 科技成果获奖

（1）部委属高校科技成果获得社会肯定率较高

科技成果是否有价值以及其价值获得社会认可程度，体现着科技成果转化的影响与意义。科技成果获奖是对为国家（或者地区）科学技术进步、经济社会发展以及国防现代化建设做出突出贡献的科研人员给予奖励，这也可以理解成对其所拥有的科技成果产生的价值（现实价值、潜在价值，或者是市场价值、社会价值等）在某种意义上的肯定。2011—2017年间，在宁高校累计荣获各类奖项1764项（表4-6），其中部委属高校荣获1309项，占在宁高校荣获奖项的半数以上（占比为74.21%），省属高校科技成果获奖数为455项，仅为部委属高校获奖总数的1/3，占比25.79%①。从各类属高校科技成果获奖动态变化来看，部委属高校科技成果获奖年波动情况略大，年均增幅为2.08%，2013—2016年间，部委属高校科技成果获奖数逐年减少，至2016年仅为119项，但统计期内部委属高校年科技成果获奖数保持在150项左右。此外，省属高校科技成果获奖数年均增幅为0.93%，特别是2017年增加至73项，较上年增加14.06个百分点。

---

① 由于市属高校科技成果获奖数较少，因此，在本表统计时，予以忽略，不影响对该主题的系统研究。

表 4-6 在宁各类高校科技成果获奖情况①

年份	部委属高校国家级奖	部委属高校其他奖项	小计	省属高校国家级奖	省属高校其他奖项	小计
2011 年	22 项	162 项	184 项	3 项	69 项	72 项
2012 年	14 项	169 项	183 项	6 项	49 项	55 项
2013 年	14 项	218 项	232 项	5 项	58 项	63 项
2014 年	12 项	193 项	205 项	8 项	59 项	67 项
2015 年	14 项	142 项	156 项	5 项	48 项	53 项
2016 年	23 项	119 项	142 项	5 项	64 项	69 项
2017 年	17 项	190 项	207 项	3 项	73 项	76 项
小计	116 项	1 193 项	1 309 项	35 项	420 项	455 项
占比	6.86%	67.72%	74.41%	2.16%	23.43%	25.59%

(资料来源:历年高等学校科技统计资料汇编、历年高校获国家三大科技奖励通用项目统计排序、江苏省科技厅网站等)

造成部委属高校与省属高校科技成果获奖数增长不稳定的原因是多维度的。一方面是近些年上海、北京、广东等地区的高校科技成果的竞争力整体表现良好,在科技成果奖励数保持稳定的情况下,江苏高校科技成果获奖的可能性降低,当然这并不意味着江苏高校科技成果质量不高,而是说明从全国视角来看,科技成果获奖的含金量在大幅度提升。另一方面,省属高校科技成果获得除国家三大奖之外的奖励数量在明显增加,省属高校年度获得科技成果奖励的基数自然会增大。以 2016 年为例,省属高校在国家级奖项数目上保持与上年度持平的情况下(2015 年、2016 年均为 5 项),获得其他奖项的数目由上年度的 48 项增加至 64 项,增加了 16 项。同年度,部委属高校国家级奖项小幅度增加 9 项,但获得其他奖项的数目显著减少 23 项。

(2)高质量科技成果影响力略显不足

高质量科技成果②会带来科学技术研究的颠覆性、原创性和前沿性变化与影响。高校科技成果荣获国家三大奖可以被视为科技成果获得重要科技创新突破和影响力。如上所述,2011—2017 年间,在宁高校累计荣获各类奖项 1 764 项,年均增长 1.76%(图 4-14)。年均获奖量呈现"倒 U"形,以 2013 年为拐点,2013 年之前,在宁高校科技成果获奖数依次递增,实现从 2011 年 246 项增加到 295 项,年平均增长 9.5 个百分点。2013 年之后,在宁高校科技成果获奖数逐年减少,特别是

---

① 此处科技成果获奖统计为两类:国家级奖(国家三大科技奖励通用项目)、其他奖项(国务院各部门科技进步奖、江苏省科学技术奖励项目三大类和省级各部门及以下单位所授予的关于科技成果的奖项)。

② 由于学界对"高质量"的概念、内涵尚未形成统一的共识,还处于争论探讨阶段,因此,本书对"高质量科技成果"的衡量标准为高校科技成果获得国家三大奖,即为高质量科技成果。

第 4 章 高校科技成果转化的现状和问题:基于 24 所高校的深度调查

2015 年下降 22.06%。当然,科技成果各类获奖总量的变化对反映高质量科技成果影响力的变化有失偏颇。但是当剖析引起这一总量变化的深层次因素时,发现在宁高校科技成果获得国家三大奖的项目波动性较大,高质量科技成果并没有呈现积极增长的态势。以 2015 年为例,国家三大奖共授奖项目 270 项,其中在全国科教资源密集区、人才高地的南京地区高校独立完成或参与完成的科技成果有 19 项(仅占 7.04%),而高水平大学稀缺、院士人数偏少的浙江地区高校科技成果获奖数为 28 项(占 10.37%)。从统计期间变化趋势看,在宁高校获得的国家级奖项数量基本维持在 20 项左右,在总获奖成果中的比例呈现逐步下降趋势,与浙江、广东等兄弟省市相比,在宁(甚至江苏)高校的高质量科技成果产出略显不足。

图 4-14 在宁高校荣获科技成果项目奖情况

(资料来源:历年高等学校科技统计资料汇编、历年高校获国家三大科技奖励通用项目统计排序、江苏省科技厅网站等)

4.2.4.2 技术成果转让

(1) 高校技术转让活动总体效益渐趋萎缩

技术交易活动是推进科技成果供需有效结合的重要逻辑与路径。它承载着众多科技成果按照市场价值规律向现实生产力转化,实现知识资本化进程,以此推进科技与经济深度融合的导向作用。高校作为科技创新的主要源流,其与外界实现价值交换所促成的技术合同成交量、技术合同交易额等服务,在一定程度上体现了高校科技成果转化的能力和水平。2011—2016 年间,在宁高校开展技术转让活动总体情形不甚理想,具体数据指标如图 4-15 所示。

从签订技术合同数来看,相较于 2011 年签订技术交易合同 1 482 项,2016 年底合同数为 1 562 项,增加量不足百项(实际为 80 项)。其中,部委属高校开展技术转让活动积极性有待提高,统计期内部委属高校签订技术交易合同数基本在下

图 4-15 在宁各类高校技术合同登记数和成交额情况
（资料来源：历年高等学校科技统计资料汇编）

滑，年均下降 10 个百分点。2016 年仅开展技术转让活动 370 项，为统计期内低峰。从技术转让收入来看，在宁高校技术转让收入基本保持不变，年均增幅 5.82%。但可以发现，部委属高校技术转让金额收入较为丰富，占统计期内总收入的 67.70%，说明部委属高校与企业开展的科技成果转让活动层次较高。与此同时，高校之间的技术转让活动的差异性较为显著，比如东南大学技术转让收益基本在 10 000 万元以上，然而部分部委属高校收益多处于 500 万元以下。省属高校中南京信息工程大学、南京邮电大学、南京工业大学等三所表现较为突出，年均技术转让收入在 1 000 万元以上，尤其是南京工业大学年均技术转让收益 5 042.33 万元（南京信息工程大学 1 202.83 万元、南京邮电大学 1 143.50 万元）。从单笔合同含金量来看，统计期内在宁高校单笔合同均额为 23.90 万元，其中，部委属高校单笔合同均额较高，为 30.47 万元，省属高校单笔合同均额次之，为 17.04 万元，市属高校技术合同均额为 3.08 万元。此外，市属高校金陵科技学院在开展技术转让方面明显优于同层次高校（也优于部分省属高校），以 2016 年为例，签订技术合同 23 项，技术转让实际收入达到 143 万元。

（2）技术转让活动的经济效益因校而异

为了避免国内学者对科技成果转化率的认识、衡量存在诸多争议和矛盾，本章测量高校技术转让活动的经济效益（或者说科技经费回报率），主要通过技术转让收入占科技经费支出的比重来观测。该指标在一定程度上能够反映高校科技成果转化效果。该指标越高，表明该校科技经费投入所产出的转让收入越多，高校科技成果转化效果可能就越好。笔者在此以 2011—2016 年间各高校的均值作为实际采用的数据并加以分析（表 4-7），结果表明：在宁高校技术转让活动效益较好的是南京工业大学，排名第一，投入产出比为 15.64%，其余高校技术转让活动效益处于 10% 以下。在排名前 16 名中,同层次高校科技经费投入使用强度有较大差异。

表 4-7 在宁高校技术转让活动经济效益前 16 名情况

排名	高校	历年科技经费支出/技术转让收入(均值)	排名	高校	历年科技经费支出/技术转让收入(均值)
1	南京工业大学	0.156 4	9	南京林业大学	0.021
2	东南大学	0.066 5	10	南京农业大学	0.018 1
3	南京邮电大学	0.048 3	11	中国药科大学	0.017 1
4	南京理工大学	0.044 6	12	金陵科技学院	0.007 9
5	南京财经大学	0.043 1	13	南京大学	0.004 0
6	南京中医药大学	0.039 9	14	南京师范大学	0.003 7
7	南京信息工程大学	0.033 2	15	南京工程学院	0.001 8
8	南京航空航天大学	0.030 2	16	河海大学	0.001 1

例如,部委属高校中东南大学排名第二,而同层次高校河海大学排名靠后,甚至出现部委属高校没有全部入列的情况。

从在宁同类高校技术转让活动绩效看,差距也较为明显。例如,南京大学与东南大学同属研究型重点大学,南京大学在科研经费投入以及论文产出方面多于东南大学(如 2014 年南京大学政府资助的科研经费为 87 267 万元,当年发表学术论文 6 752 篇;东南大学科研经费为 72 195 万元,当年发表学术论文 3 961 篇),但在重大科技成果产出和服务经济社会的贡献上逊于东南大学(2014 年东南大学比南京大学获国家级奖项多 4 项,签订技术转让合同多 468 项,技术转让实际收入多达 1.32 亿元);同样,在省属高校中,南京工业大学在科研人员、科技经费投入等方面低于同类高校,但技术转让收入领跑同行高校,甚至转化效果优于部分部委属高校。可见,高校科技成果产出、转化绩效与科研人员数量及政府经费投入之间并不是简单的线性关系。

4.3 科技成果转化面临的基本问题

4.3.1 转移转化的动力供给

(1) 政策执行力度不足,政策还未真正"落地"

从公共政策制定到政策执行,存在一定的层级距离。信息不对称等因素为政策目标传递的偏差、扭曲提供了逆向选择的机会。因此,公共政策效果及其矫正很大程度上取决于公共政策执行情况①。通过对在宁24所高校就贯彻落实国家科技成果转化"三部曲"②、《江苏省促进科技成果转化行动方案》等10余项政策的落实情况进行调研发现,虽然科技成果转化法律法规体系的"四梁八柱"基本建立,但是科技成果转化相关法律政策在部分高校还未真正"落地"。截至2019年4月,尚有65%的高校未明确出台促进科技成果转化的落地细则,没有架构起符合本校校情及未来发展的科技成果转化体制。部分政策制度内容还存在落实不到位的情况③,多集中在"为促进高校科技成果有效转化,如何妥善解决好国有资产管理与现行的科技成果转化政策之间的矛盾协调",这深刻反映出高校科技管理体制滞后性问题。

针对科技体制存在的"四个不适应"④问题,习近平科技创新新理念要求新时代科技体制改革必须坚持"三个分工"⑤的总思路,加快科学研究、试验开发到成果转化的进程。但是高校既有科技管理体制体量庞大、政策网络交织密集,对相关政策的灵敏性迟钝,很难推动高校科技成果转化"快"起来。在社会认知层面,高校承担的科学技术项目在转化及产业化进程中的国有资产究竟如何管理,这里包括科技成果权益分配(成果收益权、所有权与使用权)、科技成果是否需要作价评估等问题,还存在着政府与市场边界博弈的"模糊地带"。当然这里有一个基本前提,国有资产监管及保值增值是不可逾越的"红线"。部分高校提出,尽管国家对科技成果的国有资产管理权限进行了压缩,甚至事业单位(主要是高校及科研院所)国有资产处置、收益管理办法也进行了适度性、实质性调整,但是高校及其上级科技主管部门对国有无形资产的后续评估、考核管理看法尚难统一。2019年4月,财政部出台《事业单位国有资产管理暂行办法》,去除高校院所科技成果转化中资产评估和审评备案两道"坎"。这确实迈出了国有资产制度改革的重要一步,但同时国有

---

① 这里的政策执行,是指政策执行过程,包括诸如政策宣传、物质条件准备、组织动员、政策小范围试验、全面实施等。
② 科技成果转化"三部曲",是对十八大以来国家层面围绕促进科技成果转化,深化科技体制改革所采取的从法律制度、配套政策到行动方案的总称,具体包括全国人大常委会通过的《中华人民共和国促进科技成果转化法》(2015年修订),国务院颁布的《实施〈中华人民共和国促进科技成果转化法〉若干规定》(国发〔2016〕16号),国务院办公厅制定的《促进科技成果转移转化行动方案》(国办发〔2016〕28号)。"三部曲"成为各级政府及高校科研院所实施促进科技成果转化细则的纲领性指导文件。
③ 科技成果转化面临的诸多问题研究,主要通过问卷调查,结合课题组前期在实施中国科协调研课题《科技成果转移转化状况》过程中所形成的"科技成果转化状况系列调查报告"(已获得相关政府部门采纳)综合而得。科技成果转化调查问卷见附录2。
④ "四个不适应",是习近平对新的历史时期我国在科技体制改革方面徘徊缓慢前行的重要论断,指出科技体制存在科技发展水平与经济社会发展要求不相适应、先行科技体制与我国科技快速发展要求不相适应、科技领域布局与发展大势不相适应、科技人才队伍建设与人才强国要求不相适应。
⑤ "三个分工",即做好政府和市场分工、中央各部分功能性分工、中央和地方分工。

第 4 章　高校科技成果转化的现状和问题：基于 24 所高校的深度调查

资产管理的问责程序也应随之附上。这意味着国家制度减法对应着高校职责加法，这无疑对高校完善财产内控制度提出了更高的要求。高校主要领导对何为"低价处置国有资产"的标准量化确实还存在顾虑，加之因对政策"擦边球"认知引起的部分高校在科技成果处置时受到"违纪甚至违法"处理的先前事例屡见不鲜，因此，高校主要领导很难因"勤勉尽责"而积极推动科技成果转化，造成高校利益相关方对科技成果转化依旧望洋兴叹，唯恐避之不及。

当我们的视角从高校主要负责人深入到科研人员时，发现高校科研人员对政策的认可度不够高。据统计，超过 82% 的高校对教师、科研人员的考核评价体系没有事实性调整。当然这在很大程度上不是源于高校对教育部等五部门出台的《开展清理"唯论文、唯职称、唯学历、唯奖项"专项行动的通知》，啃下科技体制改革"硬骨头"的回应性不够高昂和彻底，问题主要存在于没有可供参照的评价办法及体系。纵然将科技成果转化绩效（成效、权重设定）纳入，衍生的一系列问题需要思考：在充分考虑本校发展战略、人员学历、科研项目级别等多重因素情况下，科技成果转化绩效的贡献程度对应的科研人员工资、职称职级评定等该如何划档？对从事基础研究、应用研究、人文社科研究、临床医学等发展程度差异较大的各领域评价，分类评价体系该如何设计？对那些科技成果转化贡献突出的科研人员与人才计划项目名称（人才称号）、海外人才之间是"一视同仁"还是"厚此薄彼"？纵向科研项数量与科技成果效益间是否存在歧视性（隐性）指标？这其中就存在着很大的不确定性。

（2）激励与培养机制不健全，基层内生动力有待激发

激励因素（Motivator）能给人以满意感，是激发个体（团体）潜能并能创造更大贡献的关键积极因子。对于高校而言，创造良好的"公平"[①]环境对提高科技成果转化各方利益相关者的积极性尤为重要，它能够保证利益各方应对不同情境下的持续敏感性和创造力。现阶段，对于高校科技成果转化的焦点之一是职务科技成果权益分配并未达成广泛共识。特别是职务科技成果所有权与使用权的协调问题，不仅影响着科研人员职务科技成果相关方的"直接满意"程度，而且牵涉到探索权益赋能科技创新能否有效实现的成败性。虽然《中华人民共和国促进科技成果转化法》（2015 年修订）、教育部《关于促进高校科技成果转化方案》等配套措施允许项目团队参与成果转化收益比例分成，但是该收益分成并非以科技成果所有权为先决条件，而是受到高校内部奖励考核规定及给付兑现办法的影响，成果确权没

[①] "公平"环境，是相对于"平等"而言的，公平环境强调与工作职责直接且紧密统一相关的的制度安排，价值贡献依据成绩分层次、分等级享有。这是 1959 年美国赫茨伯格教授（Herzberg）提出的双因素理论（Two Factor Theory）的重要观点之一。

有得到根本性解决。"持股难""变现难"的棘手问题仍然存在,这些阻碍因素自然导致科技成果持有方转化动力不足。此外,对于高校单位和科研人员共同拥有成果所有权的情况,为了提高科研人员科技成果转化的主动性和积极性,能否允许高校科研单位将部分成果所有权转让于科研人员独占许可呢?更进一步地,为了促进科技成果后续开发研究,职务科技成果的长期使用权问题是否应有明确的政策回应?

这里还需要关注另外一个问题:专业化的技术转移人员严重缺乏且其服务科技成果转化的动力不够高。在宁 24 所高校技术转移机构(国家级、省级)覆盖率达 71%,说明在宁高校对开展科技成果转化活动较为积极,但是配备较为完善的专业化技术转移人才队伍的高校可谓是寥寥无几。国家大学科技园、技术转移中心等在不同程度上"陷落"为综合性大学建设的"标配",其服务科技成果转化的职能角色没有受到应有的重视,其实质性功能有待充分释放与发挥。对科技成果转化服务体系的专业化人才培养课程体系考虑欠缺。相应地,打造一支高水平技术转移师资队伍仅停留在政策层面,亟须落实在建设过程之中。占相当大比重的高校没有推行技术经理人市场化聘用制度,服务于技术转移的人才岗位欠缺,面对职业技术转移人才的专项激励细则普遍缺失,多以行政人员角色视之,晋升通道模糊或者缺乏以增加知识价值为导向的高校技术转移人才服务科技成果转化的工资增长机制。技术转移人才开展技术服务、市场推广等活动的奖酬金提取缺乏明确的规定,很难享受工资总量加计扣除,这严重制约了科技成果无形资产价值的进一步开发。此外,高校科技成果转化评价体制尚未有效建立,高校技术转移中心科技成果评价程序没有统一标准,这就导致本校科技成果资源难以有效衔接市场。评价人员多数未受过专业化培训,评价仍以传统的专业背景单一、缺乏企业参与的专家会审为主,成果评价还不能通过技术转移成熟度规范进行评级,评价报告内容模糊、作用不清。

4.3.2 高等教育领域的改革力度

(1) 财政依赖现象严重,创新创业潜能有待挖掘

开展创新创业(Innovation and Entrepreneurship)是高校应对经济社会变化而进行自我评估及调整的应然抉择,正成为国外知名高校探索研究型大学建设之路的重要途径。例如,有超过 55% 的学生因斯坦福大学良好的创业环境而来求学,有超过 4 万余家单位企业与该校保持着关系,斯坦福大学经费的绝对比重来源于市场。新阶段,国内越来越多的高校认识到开展创新创业教育及活动能够有效推动自身发展战略、发展方式、学科布局等方面的全方位改革,成为高等教育"供给侧"改革的发力点。特别是在分税制改革背景下,地方政府拨款成为高校(尤其是地方高校)财政经费的主要来源渠道。尽管各级政府(中央政府、地方政府等)对高

第 4 章 高校科技成果转化的现状和问题：基于 24 所高校的深度调查

校的投入明显增加①，但是与建设高水平大学乃至世界一流大学的体量及实际需求相比，仍然捉襟见肘。换言之，在既有财政经费稳定支持下，短时间内怎样通过非对称性赶超，跻身或者继续保持在"双一流大学"朋友圈之列，建设经费从何而来？我们通过调研走访发现，那些积极推动高校转型发展，建设创业型大学的高校（主要是地方高校）科技经费数额可观且来自市场收益②的比重较高。

高校科技经费来源较为单一，主要以政府财政拨款为主，多元化渠道不够畅通。政府部门对高校资金支持存在明显的"马太效应"③，部委属高校财政资金充裕。据统计，在宁 24 所高校有 90% 以上部委属高校常年接受财政拨款额度高于省属等其他高校。这自然使得省市属高校缺乏国家教育体制内纵向经费的大力支持。非部委属高校迫不得已进行精简机构，多方筹措经费，出现"寅吃卯粮""拆东墙补西墙"的现象。据统计，在宁有 84.21% 的高校科技经费来源中财政拨款占相当大比重（图 4-16），甚至这一比重达到 98.18%，仅有不到 15.79% 的高校科技经费来源较为丰富，如南京工业大学、河海大学、南京邮电大学等 3 所高校的市场收益较为可观，来自市场收益的这一比例在五成以上。特别是以南京工业大学为代表的省属创业型大学，积极落实高等教育领域"放管服"改革举措，立足本校历史沿革、学科特色及客观现实，大胆探索产学研协同机制，推动传统型高校技术创新自

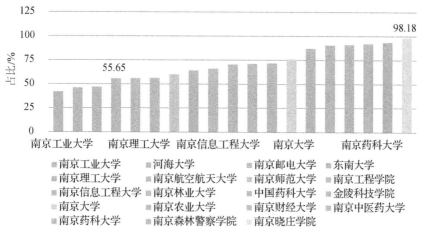

图 4-16 在宁高校科技总经费中财政经费占比情况

---

① 以江苏为例，最新资料显示，2016 年政府科技经费（科研事业费、主管部门专项费、其他政府部门专项费）投入 9 704 898 000 元，较 2011 年增加 4 560 207 000 元，增幅达到 88.64%。

② 这里的市场收益，主要是指通过统计该校企事业单位委托经费、各种收入中转为科技经费的部分。

③ 马太效应（Matthew Effect），原指强者愈强、弱者愈弱的现象，这里是指在同等争取社会资源（特别是政府财政资金）机会下，具有重要影响力的部委属高校获得各级政府支持的机会明显较多，这已成为高等教育领域改革迫切需要解决的难题。

由探索思路向以紧扣市场需求导向型发展。这种集约式、协同化、错位发展的创新创业活动，充分用活制度张力，转化为发展红利，这既显著增强了学科实力、优化了人才培养体系，也推动了高校管理体制改革的领先探索。

此外，调研发现，有58.64%的高校专利权人科技成果转化率[①]在10%以下。通过理论分析及深度访谈，认为原因主要集中在三个方面：一是高校对教师及科研人员的绩效考核以自然年为单位，即要求达到年度规定的科研任务量（多数涉及科研项目数量、专利数及等级）。这种（类）绩效考核制度没有适度考虑科学研究的周期性（可能一年甚至数年），促使科研人员在实施科学项目（尤其是应用研究项目）进程中，不是以成果转化为终极目标，而是以结题为追求。这些"结题"式科技成果一般难以达到科技成果进入转化阶段所要求的质量，导致这些成果不得不"束之高阁"，难以进行转化。另外，高校知识产权保护制度不够健全。在宁高校独立设有专职知识产权服务中心、知识产权一站式服务平台的比例不到1/4，知识产权管理人员（含专职人员、兼职人员）在5人以内的占91.3%。这说明高校对教授、科研人员开展知识产权创造、运用、管理，特别是保护工作的全方位服务网络不够完善，难以支撑高校优势学科建设和科技成果转化。这一点也可以从政府"一站式"知识产权服务业务需求度予以窥探。相较于企业、科研单位和个人，高校对政府等外界知识产权服务的依赖度最高（表4-8），尤其是知识产权申请登记注册、知识产权信息和知识产权成果转化等维度明显高于其他知识产权主体（分别为79.9%、56.9%、0.2%）。

表4-8 各类知识产权主体最需要政府"一站式"知识产权服务情况

单位：%

题项	高校	企业	科研单位	个人	总体
知识产权申请登记注册	79.9	74.2	78.0	63.6	73.9
知识产权行政执法类	23.2	35.1	36.8	28.1	34.1
知识产权金融服务类	17.0	24.8	10.1	31.2	24.4
知识产权信息类	56.9	29.3	36.1	23.6	30.5
海外知识产权服务类	4.5	7.0	8.5	12.2	7.2
知识产权奖励/资助/费用减免	0.0	0.0	0.0	0.0	0.0
知识产权成果转化	0.2	0.0	0.1	0.7	0.1
不清楚	0.5	0.0	1.1	0.2	0.1
小计	182.1	170.4	170.8	159.7	170.3

（资料来源：根据中国专利调查数据报告整理所得）

---

① "科技成果转化率"一直是萦绕学界、政府管理部门在高校科技成果转化认定、测量等方面难以形成统一观点的魔咒。本书此处限定为高校专利权人对拥有的专利出售、转让。

当专利权受到侵害时,高校做出"不采取任何措施"这一选择的比例比其他专利权主体较低,更倾向于"发出停止侵害律师函"的简易措施,高校提供的知识产权保护无法有效地阻止其他市场主体的模仿,这也就解释了超过七成的高校专利持有人宁愿将科技成果"静置"而不选择"转化"的奇怪现象。

(2) 高校理念使命的认知错位,服务经济主战场意识薄弱

如前文所述,高等教育"新常态"催唤着高校走向经济社会中心,实现在全域发展中的角色定位从"被动辅助支持"转向"主动引领同步"。新时代,"双一流"大学建设是继"985工程""211工程"之后新的国家高等教育战略工程,而人们不禁发问:建设世界一流大学抑或称之为高水平大学的标志是什么?《"双一流"建设指导意见》给出"需求建设论"的答案,即高水平大学建设必须把服务国家、地方重大战略需求作为建设源动力。高校正走向国家创新体系建设的"C位",高校科技创新能力以及服务经济社会主战场的定位、角色功能性、承担的责任及所做贡献将毋庸置疑地决定"双一流"大学建设的成效。

通过对在宁24所高校的科技管理人员、教师以及博硕士研究生对大学使命的理解的调研发现,高校基层人员对高校价值使命保持着传统惯性认知,持有"创新型人才培养是大学办学的唯一目标"或者"开展科学研究是大学对社会的卓越贡献"观点的比例达到89.5%,甚至不乏有"培养创新型人才、开展科学研究活动与科技成果转化追求经济利益之间是矛盾的"这种观点。这说明高校没有充分将科技创新融入人才培养课程体系,也没有看到科技成果转化不同模式对促进创新型人才培养的多重意义。据统计,在宁24所高校中仍有12家未建有省级、国家级众创空间,在协同创新能力建设方面,部分单位被提出整改,其中包括3家部委属高校。与此相反,南京工业大学积极响应南京市创新名城1号文建设,主动融入南京经济社会发展大局,制定校地融合发展方案,成立南京市第一家新型研发机构(膜科学技术研究所),实现优势学科建设、创新型人才培养、科学技术研究等立体式发展。实际上,高校积极服务经济社会主战场,这一观点不仅是习近平总书记科技创新新理念"三个面向"的重要思想,也是涵养塑造追求卓越、开放共生、特色底蕴鲜明、引领新时代精神的文化底蕴,是保持大学旺盛生命力和竞争优势的重要源泉。

4.3.3 技术转移体系的健全程度

(1) 中试环节建设滞后,专业化服务体系碎片化

科技成果转化服务体系,是推动科技成果跨越科技创新"死亡谷",并实现价值由"1"到"10"甚至是"100"的增值过程。从科技成果(诸如有效发明专利)持有到转化为产品之间存在较长的距离,国外高校科技成果转化的实践探索及经验已经较好地检验了"中试环节建设体系的完备程度很大程度上影响着科技成果转化效率

及效果"的重要准则。伴随着最新的资产评估和审评备案两道"坎"的消除,高校及科研人员确实增加了获得感,但是科技成果评估难的问题并未有随之淡化的迹象,反而有愈发强化之势[①]。特别是国有资产被要求"保值增值"的情况下,对技术交易市场提出了更高的期待。调研结果显示,高校对赋予更多的科技成果转化自主权涌现出前所未有的积极性,但是除缓和基层科研人员对政策规制滞后的抱怨外,似乎也仅(只)能如此,这是因为科技成果转化政策增加了高校主要领导人员的追责条款。追问之,这一问题产生的根源在于科技成果转化服务体系建设的"中试空白"弊病。

一方面,鲜有高校内部设立具有管理组织化、服务专业化、运营市场化程度完备的技术转移服务机构。调研发现,尚有37%的高校还未覆盖大学科技园;有50%的高校未建有众创空间,其中不乏有部委属高校;技术转移机构建设数量不足,运转绩效表现普通。技术转移体制机制粗糙简陋,技术转移人员缺乏,专业化、市场化服务能力明显不足。与企业、科研单位和个人相比较,高校对"购买高水平知识产权服务"的渴望最为强烈。这一点与国家知识产权局的调研结论取向一致,当一线科研人员谈及面临专利转化遇到的障碍时,有过半比例(2018年这一比值达到66.3%)的高校反映"缺乏专业化的技术转移队伍"是最大障碍[②],不足1%的高校会选择成立专门部门,推进科技成果转化。科技成果转化项目净收入在技术转移机构和服务团队的分成比例问题,政策没有给出统一的标准,各类高校踌躇张望。因此,我们发现纵然科技成果转化政策鼓励高校职务科技成果可以通过自主决定转让、作价投资等多种途径推进成果转化,但是在实际操作中,有超过80%的高校以及科研人员选择亲自创业或者学生带着课题组团队的科技成果创业。

另一方面,国内各类技术交易市场尚处于成长初期,总体呈现"大且散"景象。在另一项对江苏瞪羚企业创新成长状况调研过程中,我们发现超过63.8%的企业不知道企业自身是否处于孵化器在孵。这一事实反映出孵化器、加速器、众创空间、大学科技园等各类创新孵化载体的功能性尚未充分发挥,技术经理人培养欠缺,技术转移制度不够完善。虽然2016年以来关于促进高校科技成果转化的政策密集出台,但是高校科技成果转化应用水平并没有达到政策预期,前景不容乐观(图4—17)。2018年,高校有效专利实施率仅为12.3%、有效专利产业化率为2.7%,远远低于全国平均水平(分别为52.6%、36.3%),这也是近五年以来的最低点。高校专利许可率、专利转让率双双不足2.0%,远远低于全国平均水平(分别为

---

① 这里认为科技成果评估难的问题会愈加突出,主要是因为《事业单位国有资产管理暂行办法》(2019年4月)增加了对"国有资产流失"的追责条款,这种"秋后算账"可能会让高校及科研人员对科技成果转化再度望而却步,对科技成果评估提出了更高的要求。
② 这一观点源于国家知识产权局最新报告《2018年中国专利调查报告》结果。

5.5%、3.1%)。这深刻反映出高校专业化专利服务体系不健全,推进科技成果转化权益机制改革异常艰巨,相关改革还需要触动政策末梢的"涓涓细流"。例如,科技成果"信息孤岛"问题在各高校、地域间普遍存在,科技成果信息共享平台建设的严重滞后性所带来的信息不对称越来越受到关注。科技成果交易市场评估制度尚不够成熟,因成果转化失败风险导致的国有资产贬值,科技成果所有权人、评估者以及其他相关利益方均要承担国有资产流失责任。

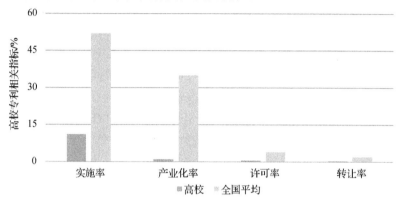

图4-17 2018年高校专利运用于全国平均水平比较情况
(资料来源:根据中国专利调查数据报告整理所得)

(2)成果转化基金短缺,风险担保机制尚不成熟

科技与金融相融而生。科技成果转化过程,也是科技成果资本化进程。这就意味着促进高校科技成果转化离不开也必然依赖于金融资本的全流域"灌溉"。2014年至今,伴随着"大众创业、万众创新"在全国铺开,创新创业活动日益活跃,对科技型中小企业的金融扶持越来越成为困扰科技成果产业化的"绊脚石"。诚然,市场逐利性是天然属性。由于科技成果产业化过程存在正外部性、高风险性和不确定性,以及市场竞争不完全和信息不对称性等,因此在科技成果项目投融资市场中存在的"市场失灵"行为是自然现象。但是,从科技创新动力论来考量,政府干预科技成果转化实为必要。在政策要求加快科技成果转化的驱动下,2014年成立国家科技成果转化引导基金,用于解决科技成果转化特别是科技成果产业化难题。然而,面对众多科技成果与相对体量的科技成果转化基金,所形成的"僧多肉少"现象,凸显出资金不足仍是制约高校科技成果转化的重要因素。

调研发现,科技成果转化基金投入总量小、结构失衡。目前,高校科技成果资金来源主要是靠各级财政拨款,高校自筹和金融机构贷款占比较小。虽然省级层面设立了相关科技成果转化基金项目,但是在技术研究阶段科研院所和企业科技成果的商品性及各类科学基金资助较为强劲,导致同等情形下高校在争取政府资金投入科技成果转化时处于劣势地位。此外,38.2%的科研人员认为科技成果转化阻滞主要在于缺乏有效的融资渠道,18.5%的高校认为科技成果产业化经费不够充足①,难以满足科技成果后续试验可发、商业化所需的资金,反映出高校科技成果转化资金来源渠道不够完善,少有高校充分发挥"校友经济"的作用,这也是导致高校科技成果转化的效果不甚理想的重要原因。数据显示,高校申请专利接受政府资助的比例达到65.9%,明显高于其他专利权人(科研单位为50.2%,个人为37.7%)。

另一个重要问题是科技成果转化融资风险担保机制有待完善。科技成果的高风险特质与资本追求"短、平、快"背道而驰,资本抑制创新的影响在短时期内仍然存在。以瞪羚企业为代表的高成长性企业群体为例,前期通过对瞪羚企业创新成长调研情况分析,瞪羚企业在创业阶段和发展早期获得的社会投资较少,2018年仅有3.3%的江苏瞪羚企业获得创业风险投资。聚焦于科技成果孵化早期投资的VC基金还不够多。社会第三方信用评估机构不健全,科技成果等无形资产信用担保制度不够完善。高校重大科技创新成果担保贷款绿色通道尚未建立,相关贷款审批程序过于烦琐,"融资难""融资贵""融资累"问题在高校科技成果转化过程中同样存在。例如,在宁医药类学校对接的是临床医学等领域,市场前景广阔,发展机遇稍纵即逝,但受制于实施成果转化周期长、耗资量大、收益不确定,致使风险资金介入少,医学类高校历年技术转让收入欠佳,个别年份甚至几乎为零。

4.3.4 创新主体的承接能力

(1)科技成果供需间脱节,产学研协同不够紧密

基于要素市场一体化视角审视科技成果及其转化过程,推动高校科技成果转化,必须要紧紧围绕如何理顺交易双方、交易动力、交易规则及交易媒介等各要素之间的网络关系,以此激活科技成果研发及转化的恒动活力。本质上,科技成果转化是市场经济活动,因此研究科技成果转化行为需要遵循其背后的市场规律和价值规律,高校科技成果转化活动也不例外。这就要求促进高校科技成果实现转化不能仅仅考量其价值,更需要在很大程度上考量其使用价值。一般而言,科技成果的市场导向性越强,科技成果使用价值越高,这里就涉及高校科技成果转化供需双方面临的脱节问题。笔者将这一问题总结为高校科技成果转化"先天不足,后天畸形"病症。

一方面,高校开展科学研究没有完全依照市场需求为导向进行。高校承担企业横向委托项目的积极性不高,通过与企业接洽展开合作研究的比例仅为44.8%,专利研发多源于纵向科研项目中新理念、新技术方案。高校科研体制机制改革举步维艰,高校承担的科学研究项目偏好立项轻结果,重理论研究轻实用型探索,重成

---

① 该观点采用国家知识产权局《2018年中国专利调查报告》结果。

第 4 章　高校科技成果转化的现状和问题：基于 24 所高校的深度调查

果数量轻评价质量的执行惯性，在没有较为明晰的、系统性的、全面的新科研评价体系出炉前，在较长一段时间内高校很难做出实质性调整。这就难免会造成高校科技成果较少甚至无视经济价值，引起学术研究与产业化的脱节，这种按研究年限机械式设定的科学研究活动也缺乏后续跟踪支持服务，加之宽容失败的创新氛围及评价机制尚未形成，酿成高校高质量科技成果供给明显缺乏的局面，造成科技成果"理想"与"现实"各分畛域。调研显示，高校认为本单位专利技术水平较低的比重达到 43.2%，明显高于科研单位的 25.2%。

另一方面，高校等科技成果供给方没有充分挖掘和拓展企业等科技成果承接主体的需求。高校科技成果信息管理尚未实现线上登记、整合、交汇、发布与共享。围绕前沿科技领域、重大民生领域等主题，聚焦企业发展需求，运用云计算、大数据、人工智能等新一代信息技术，面向高校开展的科技成果增值服务（诸如科技报告、知识产权等信息增值服务等）与国外存在较大差距。高校对科技成果的市场培育体系不健全，缺乏对优秀科技成果的推广。对于大多数企业而言（特别是小微企业），高校研发的科技成果所带来的边际收益，既不能增强企业关键核心能力，又远低于企业自身通过开发新技术所产生的收益。企业联合高校、地方政府、金融机构等多方利益主体设立新型研发机构或技术转移机构的数量及效益有待进一步提高与优化。

换言之，高质量的科技成果供给不足深刻暴露出政产学研用协同创新体系尚不够成熟。企业在技术创新体系中的主体性角色和功能是众望期待。企业对新技术、新产品的研发普遍采取以自行提出创意并依靠研发部门立项、后续投融资、产品开发和商业化推广的模式[①]，这一现象不仅存在于中小微企业，大型企业也不例外。一是企业采取委托高校院所等研究机构进行后续研发的比例仅为 26.4%。由于现有政产学研用协同创新的利益分配机制、合作共生机制等不够成熟，因此中小微企业与高校之间的合作意愿不够高昂。在技术来源方面，企业自主研发占绝对比重，为 86.8%（图 4-18），企业与其他研究机构合作开发的比例不到四成。二是企业创新主体对科技创新重视程度还不够高。我们可以窥见各类型企业对研究开发经费的支持力度有显著差异性，内资企业主要集中在 500 万元以下（这一比重为 84.3%），其中 100 万元以下占比过半，为 59.3%，而外商投资企业研发支出费用在 500 万元及以上的占比在 30% 以上，远远超出内资企业。此外，企业科技成果研发与转化投入规模总体偏小。近些年（特别是党的十八大以来），随着创新驱动发展战略向纵深拓展，国家与地方政策对企业的创新支撑力度前所未有。然而在实际调研中发现，企业研发经费支出密集区仍为 500 万元以下，占比超过 80.0%，

---

① 根据《2018 年中国专利调查报告》，通过对 9 792 家各类不同规模企业进行调查，显示企业采取自主研发与转化模式的比例达到 85.4%。

1 000万元及以上支出在7.0%左右徘徊。与往年情形比较,2018年企业实际研发经费支出不容乐观,在500万元以下占比为历史之最(83.7%),经费支出在500万~5 000万元的累计占比不到10%,这与国家及地方部门出台的一系列扶持企业科技创新的政策预期有一定的差距。

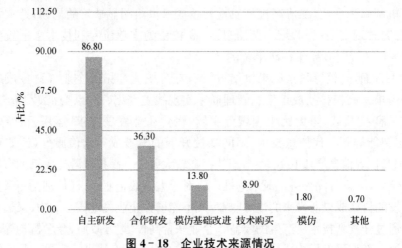

图4-18　企业技术来源情况

(资料来源:国家知识产权局专利调查报告)

(2) 企业创新意识不强,承接基础和后续研发能力不足

不确定性(Uncertainty)是企业发展难以绕开的感知机会与风险环境。从早期的关注企业管理者特质论、纳入产业结构与战略因素转变到深入组织内部,考虑组织边界、行为与过程的系统观点,学者们普遍认识到影响企业健康可持续成长的作用因素纷繁众多。但是,在创新型企业是直面环境复杂性、动态性景象的主要角色观点上达成了共识。这一观点笔者在《改革开放四十年产业科技创新动态演变的"深圳模式"》一文中已进行了合理性阐述。经过四十余年的发展,创新型企业创新意识不强,创业科技承接与吸纳运用能力仍然是技术创新体系建设的短板。

以南京为例,为了激发企业创新主体能力,南京市启动实施创新驱动发展"121战略",提升创业企业发展内涵。此处笔者选取南京瞪羚企业为调研对象①,发现企业"内生性"增长动力明显不足。首先,高成长性企业总量偏少,增速缓慢。随着国家提出创新驱动发展战略,重点扶持高成长性企业创新发展,按照国家高新区对瞪羚企业

---

① 瞪羚企业(Gazelle Enterprise)是跨越创业"死亡之谷"、极具破坏式创新能力的新经济发展典型代表,在引领区域经济发展方面发挥着举足轻重的作用。一方面,瞪羚企业由少数优秀的创业企业发展而成,瞪羚企业群是新兴产业从无到有、从小到大的标志,也是创业企业中对经济发展带动作用最明显的群体;另一方面,瞪羚企业的创新基因与生俱来,其通过推动新产品、提供新服务、应用新技术、拓展新市场、创建新模式或构建新业态取得快速发展,引领着新经济的发展方向。

的核定标准,全国瞪羚企业数量稳中有升,最新数据显示2016年国家高新区瞪羚企业数量达到2 576家,同比增长491家,而南京高新区瞪羚企业数仅为28家,增长数不足10家,远远低于其他瞪羚企业集聚区。其次,创新要素投入有效性不足。南京高新区瞪羚企业科技活动人员占比为21.9%,低于国家平均水平29.5%(事实上,南京这一数值还远远低于苏州工业园区42.3%、西安高新区63.9%等兄弟高新区)。南京瞪羚企业科技活动投入强度虽然高于广州(4.9%)、武汉东湖(3.9%)、成都(4.5%),但是其瞪羚率与营业收入却远低于各对比高新区(图4-19,图4-20)。国家高新区"瞪羚企业创新投入100强榜单"中,南京高新区瞪羚企业无一家上榜。

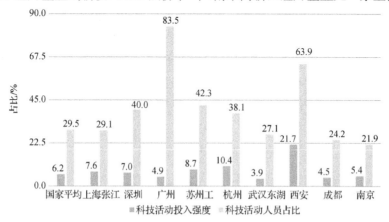

图4-19 南京与国内其他高新区科技投入指标对比情况①

(资料来源:根据国家高新区瞪羚企业发展报告整理所得)

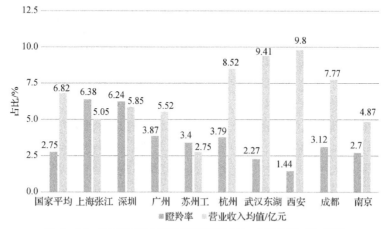

图4-20 南京与国内其他高新区盈利与成长指标对比情况

(资料来源:根据国家高新区瞪羚企业发展报告整理所得)

---

① 表中,苏州工是苏州工业园区的简称;其余称谓均省略"高新园区"。

究其原因,与其制度政策有一定的关联性。近年来,南京市委市政府在新一轮科技改革进程中,围绕打造综合性科学中心和科技产业创新中心,构建一流创新生态体系,推动创新名城建设,颁发实施了《关于建设具有全球影响力创新名城的若干政策措施》(简称科技创新1号文)[①]。但是创新型企业成长的障碍依然存在,一方面,对初创期科技企业支持问题,现有政策对申报企业设有营业收入、利润等方面的限制性条件,部分初创期科技企业前期研发投入大、利润无或小,无法享受相关政策支持;另一方面,面对初创期科技企业发展存在"成长瓶颈",甚至面临"死亡谷"的问题,龙头企业[②]有比较强烈的投资孵化意愿,利用其资金、资源、资本,有利于提高中小型科技企业的存活率。龙头企业希望参与组建新型研发机构,但在政策层面遇到实际问题,诸如央企出于国资考核任务要求,通常由企业持大股而非人才团队持大股;部分行业投入巨大,人才团队拿不出足够资金持大股;央企集团总部对法人层级有限制,不能批准设立过多层级法人机构,在宁央企再设立新型研发机构法人单位往往超出规定;部分企业虽然支持骨干成员创新创业,但同时会带走部分横向课题,影响了企业收入。

4.4 本章小结

本章主要研究既有科技成果转化政策实施背景下科技成果转化现状及存在的基本问题。主要运用数理统计研究方法,辅之以调研访谈法,选取在宁24所高校为研究对象,展开对2011—2017年间高校科技成果转化状况的系统分析,试图窥探新形势下高校科技成果转化的基本面貌。研究维度主要从高校科技创新投入、科技成果转化平台建设、科技成果产出、科技成果转化效果及科技成果转化面临的基本问题等五个维度展开(图4-21)。具体研究发现如下:

(1) 科技创新投入维度有四个事实:一是高校科技活动人员呈现教学与科研投入人员总量较大,年均增长率保持在2%以上;R&D全时当量人员规模突破万人年,部委属高校占绝对比重;二是科技机构建设呈现重点实验室数量较多,部委属高校科研设施完善;工程研究中心布局广泛,个体差异化特征显著;协同创新中心建设稳中有增,成效良莠不齐;三是科技经费投入总量呈现逐年攀升趋势,政府

[①] 鉴于该文件是指导全市新时代高质量发展的总括性文件,且是南京市委市政府于2018年初发布出台的首项公共政策,因此业界称之为"科技创新1号文"。

[②] 这里的龙头企业包括企业化运作的大院大所,如14所、玻纤院、国网电科院、建科院、康尼等。

第 4 章 高校科技成果转化的现状和问题:基于 24 所高校的深度调查

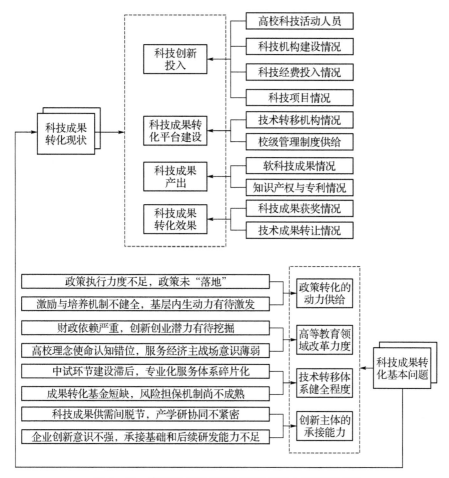

图 4-21 高校科技成果转化现状与基本问题描述图

资金拨款是主要来源;企事业单位委托资金增加,部分省属高校占比超过一半;四是科技项目呈现总量增大,部委属高校承接能力较强;省属高校承接科技课题波动性较大,对市场反应敏感度较高。

(2)科技成果转化平台维度有两个事实:一是技术转移机构呈现技术转移示范机构建设率较高,运行绩效良好;大学科技园建设灵活,校地合作共建突出;众创空间建设参差不齐,尚有半数高校未覆盖;二是校级管理制度供给呈现部分高校管理办法出台较早,但有一定比例的高校仍然未出台促进科技成果转化的配套措施。

(3)科技成果产出维度有两个事实:一是软科技成果呈现科技著作成果稳步增加,部委属高校为主产区;科技论文产量逐年攀升,高质量成果以部委属高校居多;二是知识产权与专利呈现专利申请量稳步增加,发明专利授权量积极向好;工科类院校有效发明专利拥有量较多,专利创新指数靠前。

(4) 科技成果转化效果维度有两个事实：一是科技成果获奖呈现部委属高校科技成果获得社会肯定率较高；高质量科技成果影响力略显不足；二是技术成果转让呈现高校技术转让活动总体效益渐趋萎缩；技术转让活动的经济效益因校而异。

(5) 科技成果转化面临的基本问题维度有四个事实：一是转移转化的动力供给呈现政策执行力度不足，政策还未真正"落地"；激励与培养机制不健全，基层内生动力有待激发；二是高等教育领域的改革力度呈现财政依赖现象严重，创新创业潜能有待挖掘；高校理念使命的认知错位，服务经济主战场意识薄弱；三是技术转移体系的健全程度呈现中试环节建设滞后，专业化服务体系碎片化；成果转化基金短缺，风险担保机制尚不成熟；四是创新主体的承接能力呈现科技成果供需间脱节，产学研协同不够紧密；企业创新意识不强，承接基础和后续研发能力不足。

第5章

科技成果转化政策在高校的传导模型构建

5.1 政策传导系统构架

5.1.1 传导主客体

科技成果转化的客体是指科技成果本身,即通过科学研究探索到的新现象、新原理和新规律,也可以说是通过应用研究所获得的新产品和新技术等。

科技成果转化的主体包括科研机构、企业、政府、金融服务机构,其中科研机构拥有丰富的人才和知识储备,较强的研究和开发能力,是科技成果的创造者和提供方;企业具有较强的创新需求和较为充裕的资金,能敏锐地感受到市场对新科技成果的需求,是科技成果的需求者;政府则具有较强的调控能力,可以创造良好的环境,能够承担一定的转化风险,可以给科技成果转化提供动力。

(1) 科研机构

殷瑾、陈劲等提出科技成果转化有两种途径:自我转化,科研机构自筹资金把科技成果产业化;科研机构与企业合作转化,利用合作者的资金、经营管理经验和其他优势促进科技成果商品化。这两种转化途径各有其优缺点,自我转化优点在于科研机构能掌握转化的主动权,缺点在于由于缺乏转化相关业务的专业知识、对市场导向把握不准确、对转化前景理解不深刻、自筹资金和扩大生产资源缺乏等原因,自我转化在一定程度上来讲效率比较低下,转化面比较窄,成功概率不高;与企业合作转化科技成果优点在于,企业具有资金、管理等方面的经验,对市场也比较了解,容易促进成果快速产业化,缺点在于与企业谈判时,科研机构易产生能合作就合作,不能合作就自我转化的想法,因此对于合作转化有时候不积极,从而影响谈判成效。另外,科研机构和企业有时候对成果的价值认识不同,科研机构可能更看重成果的创新性,而企业会兼顾市场的接受度,因此影响合作进展,从而可能造成某个基础的、前沿的技术迟迟不能有效转化。

(2) 企业

企业作为科技成果的主要需求者,其基本行为和态度的偏差也构成了科技成果转化的障碍。具体表现为:对高新技术成果的高投入、高风险、高收益的特点认识不足,只愿分享高科技所带来的高回报,不愿承担成果转化带来的高风险,对风险的承受能力不足;企业科技意识淡薄,短期行为严重,有相当一部分企业发展还未转移到依靠科技创新和提高员工素质的轨道上来,尚未意识到吸收科技成果的重要性;很多企业过分看重资金的价值和作用,对科技成果的价值估计和认识不足,企业对科研机构的不信任、对科技成果的怀疑态度常常导致双方的合作告吹。

(3) 政府

政府在科技成果转化中的作用主要是营造良好的环境,促进企业和科研机构的合作,以及通过财政拨款、减免税收等政策降低科技成果转化的风险,提高科技成果转化的成功率。但我国各级政府的行为还存在一些缺陷,主要表现为:政府虽然用贷款支持科技成果的产业化,但是贷款面和贷款额很少,远远不能满足科技成果转化的资金需要;有时政府虽然给出一定的贷款额,但是银行却不愿给钱,在我国,通过贷款促进科技成果转化的渠道并不畅通;在科技成果转化过程中,政府对科研项目资金投入很少或者几乎不投入资金,也不承担任何关于科技成果转化的风险,且没有应对资金短缺的有效措施。

(4) 金融服务机构

金融机构主体包括公共金融机构和商业金融机构,为科技成果转化供需双方提供低息贷款、风险资本和新技术产品推广资金支持。金融机构专门设立科技成果转化基金,用于投资技术发展水平高、有很大市场潜力且拥有独立自主知识产权的科技创新成果,推动科技成果顺利转化。另外,政府制定税收减免政策鼓励发展比较成熟的大型企业和其他社会组织出资设立支持科技成果转化的基金,引导银行、证券等金融机构积极参与到科技成果转化中来。为了进一步推动科技成果顺利转化成生产力,政府提倡大力发展风险投资业,形成多样化、多主体、高效率的资金保障体系。政府越来越重视科技成果转化在经济发展中的作用,为了创造良好的发展环境,政府颁布了一系列的政策支持科技成果转化,科技成果转化取得了一定的成绩。根据《中国统计年鉴》公布数据可知,仅 2007 年科技成果转化的市场交易额就已经达到了 2 227 亿元人民币,高技术进出口额为 6 348 亿美元。科技成果转化技术交易量巨大,这就必须要借助金融机构进行结算。资金是科技成果转化的重要资源之一,缺乏资金的支持科技成果转化就会遇到阻碍,因此制定金融服务机构相关的政策的作用也不容小觑。

5.1.2 传导载体

由于旧有的科技体制不合理,高校和企业严重脱节,一方面是高校的大批科研成果与企业脱节,无法通过企业转化为社会生产力;另一方面是企业在生产中遇到的大量实际技术问题得不到处理和解决。在这种情况下,高校科技中介机构发挥了桥梁和纽带作用,为高校科研成果转化为现实生产力提供了平台和载体,它既能发挥"胶合剂"的作用,把知识创造源头的高校、科研院所与企业、社会和政府紧密联系起来,使他们相互沟通、相互黏连,优化科技资源配置,放大科技知识价值,又能发挥"催化剂"的作用,通过勾连供需方,促进科技知识和成果的转移转化,同时通过在市场上的发现,捕捉新的机遇,拓展新的行业,开辟新的创新型经济增长点。

随着技术市场的开放,高校科技中介机构的数量逐渐增多。科技中介包括技术成果交易会、技术商城、技术开发公司、大学科技园、孵化器、生产力促进中心等。科技中介机构在技术市场化的过程中起着非常重要的作用,为科技成果转化的供需双方提供沟通的平台,是经济和技术融合的契合点、关键点,是科技成果转化走向市场的主要渠道,大力推动了科技成果转化的进程。在科技创新全面发展的今天,科技中介机构除了提供技术创新服务平台之外,还提供法律服务、工商服务、媒介服务等与科技成果转化相关的系统性服务。科技中介机构作为科技成果转化过程中一支不可忽视的力量,是市场机制的重要载体。但由于多种元素的制约,目前科技中介机构服务的方式还比较传统陈旧,从业人员偏少,收入普遍不高且不稳定,企业和科技人员对科技中介机构的信任度普遍不高,这些都制约了科技中介事业的发展。科技中介机构要多探索结合互联网、大数据条件下的创新服务模式,探索结合金融和政府协同开展服务的新模式,推进科技中介工作高质量、高效率地发展。

5.1.3 传导环境因素

影响科技成果转化政策在高校传导机制的主要因素有政策属性、决策偏好、外部支持、内部管理、评价导向与政策执行等,它们对传导路径选择与作用程度产生显著影响。

政策属性主要受到政策目标设置的影响,通过调研访谈分析,发现部分高校认为现行政策应放权于高校,通过深化科技体制改革,增强科技供给能力,实现增强企业创新能力的国家技术创新体系的战略目标,但要认识到科技成果转化是一项系统性工程,并非高校一己之力,需要更为清晰、可量化、易分解的协同目标设置。现行政策虽然出台较多,但是其多用政策性及原则性语言或规定,目标模糊。政策虽然鼓励教师离岗创业,但也要意识到对教学科研带来的负面性,部分研究人员以科研为名将学生作为私人创业的廉价劳动力的事件时有发生,成果转化活动与创新型人才培养间孰轻孰重、如何融汇共生亟须解决。

决策偏好是指组织或个体在面临若干选项或备选方案时选择其一的倾向。在决策偏好方面,前人的研究成果较为丰富,如汪丽等发现,决策者偏好在不确定环境与企业创新强度关系中有显著调节作用。结合风险决策理论并顺承前人的研究,本书将决策偏好分为高校价值选择和个体行为动因。第一,高校价值选择是高校组织决策的首要因素。它包括高校战略定位、社会服务动机强度、高校经验、历史传统与文化等。研究发现,高校的战略定位、社会服务动机强度对决策者决策偏

第 5 章 科技成果转化政策在高校的传导模型构建

好的选择有主要影响作用。综合类、理工类高校定位于科研与服务社会并重,校地、校企互动活跃,关注科技成果转化积极性较高。当然高校经验、历史传统与文化氛围因素也较为重要。有技术转移经验和历史的高校,政策传导的效果显著。第二,个人行为动因是影响决策偏好的重要因素,包括先前案例效应、责任归因、风险承受能力、制度压力、领导者风格、教学科研硬性约束性等。在高校科技成果转化中,先前案例效应对政策的传导有两面性作用。高校成果转化效益良好的带动示范有助于兄弟院校模仿学习,反之,因涉及国有资产流失被调查对政策传导有消极抑制作用。领导者敢闯开放的风格、高风险承受能力,能有效地促进政策的高质量开展,若受于制度压力,责任逃避或懈怠,政策传导的动力减弱,则会采取偏差执行行为。

外部支持是指达成某一政策或活动的目标,组织外部给予的补给动力。外部支持力度越强,组织内外部动力协调性就越高,那么该目标最终实现的可能性就越大。外部支持是学界研究的热点,任何领域活动都离不开外部环境。例如,刘丽文等认为企业实施 ERP 管理模式需要特殊的外部环境支持,否则会带来系统性风险。从外部效应分析视角,结合调研访谈,将外部支持环境划分为开放环境氛围、投融资服务、区域城市环境、法律保障。(1) 开放环境氛围因素。它具体包括企业家精神、社会媒体报道、创新创业氛围、容错纠错氛围、高位支持推动力度等 5 个方面。企业是市场的主体,优秀的企业家精神和积极的创新创业氛围对强化高校政策传导动力、深化产学研协同具有重要作用。积极的社会舆论报道、宽松容错纠错氛围和上级领导高位支持推动会增强外部支持动力,直接影响决策偏好。(2) 投融资服务因素。高校为非营利性组织,但成果转化资金需求量较大,政策落地还需要受到财政支持、审计与税收便利性、VC 注股、转化引导基金和发达的资本筹措平台等因素的影响。目前转化引导资金的不足、政府财政支持资金有限、VC 对投资的短视行为等是高校科技成果转化普遍遇到的瓶颈。(3) 区域城市环境因素。它具体包括区域产业基础、产教契合关联度、校地合作意愿、科技服务、校企协同培养人才程度。良好的区域产业基础和较高的产教契合度、专业化的科技服务能够促进市场与成果的对接,健全成果转化渠道与成果评估机制,为政策传导动力增加新活力。这也就解释了为何省属高校在技术交易等方面较部委属高校更有优势。这是因为地方高校缺失纵向经费支持,故而转向获取企事业单位支持。(4) 法律保障因素。成果转化风险是高校众多专利"束之高阁"的主要原因。科技成果转化跨越"死亡之谷"需要有健全的融资担保制度、风险防控制度、风险补偿制度等。法律对产权人的保护力度不足,出现侵权举证成本高,侵权赔偿后的收益又远低于预期专利收益的弊端,这也解释了众多科研人员转化成果积极性不高的原因。

高校内部管理是指高校组织内部的结构体系,主要解决内部运行管理问题。

高校内部管理体制经过试点、全面改革和不断深化3个阶段后,现代大学制度基本建立起来,但现有管理体制的弊端仍是学者们研究的重点。如胡弼成认为在高校内部管理制度的制定与执行问题上,后者尤为重要,高校普遍存在"单纯重视制度制定,满足于制度的制定,轻视制度执行"的认识和行为,并指出其症结在于高校管理体制。这些虽然是微观层面的原因,但是所产生的实际影响却不容忽视。顺承前人关于高校内部管理的研究,结合本次调研访谈分析,认为内部管理包括激励策略与管理机制。(1) 激励策略的选择因素。它具体包括正式激励与非正式激励两种类型。正式激励是指在目标管理下各种约束性指标所对应的正强化与负强化措施,包括主管部门对高校或高校对所属机构制定的具体项目考核,将成果转化纳入干部绩效考核会对高校传导行为选择有重要影响。这种影响取决于奖惩措施的强度、时限等因素。高校粗糙式的工资绩效考核和较窄的晋升渠道,严重抑制了专职转化人员工作的积极性。在调研访谈时发现,非正式激励的影响较为显著。它是指国家层面和上级领导对政策传达的意图和权威,由国家层面政策导向、上级领导地位与意志力表达频度、获得口头表扬等要素组成。(2) 管理机制因素。在高校内部管理因素中,管理体制问题是制约内部管理体制的关键症结所在。科技成果转化是一种市场行为,追逐交易成本最小化是其本能。高校组织内部的纵向条块化管理、业务分割、互不交叉,各部门职能范围的零星化,带来部门间利益与权限划分的冲突与混乱,增加了部门间横向协作的难度,协调问题带来的交易成本的提高,严重影响了传导的实施。

评价导向是指依据客观标准确定一种价值的判断,其实质是通过引导作用来创造价值。故而评价标准的制定尤为重要,评价结果会影响个体或组织采取有利于评价效能的动机或行为。评价导向问世以来,学者们对其进行了丰富的研究,包含评价理论、评价方法、评价模型、评价体系等。本书借鉴经典评价理论,结合调研访谈结果,将涉及高校政策传导的评价导向因素划分为人才能力评价、项目申报与评审、学科评价机制。(1) 人才能力评价因素。它具体包括职称评价考核、横向与纵向同等认定程度、高被引学者或团队、海外人才引进等。科技成果的转化实际上是人的价值转化,应关注人才的作用。传统的科技评价政策,在职称评定、国家人才计划申报时,侧重以纵向项目、科研获奖以及论文发表数量与等级等学术性指标来考核;在高端人才引进标准上,注重海外名校背景、高级别科研论文等考量。这样的评价导向致使科研人员不是以成果转化为目的,而是停留在比拼发论文、跑项目的数量上,结题式"科技成果"难产,大部分专利仅停留在试验验证阶段,与产业化有较长距离。这种评价造成科技成果转化政策推进中出现断层、悬空,严重阻滞了政策的有效传导。(2) 项目申报与评审因素。它具体包括项目申报资格、立项评审程序与方式、企业参与立项与结项评审程度、项目结项评价方式等。项目申报与评审的最终质量直接影响着政策是否真正落地并高效传导执行。项目申报中若将申报人员或科研团队的前期研究成果的技术价值纳入考核体系，将有效引导科研人员注重科技成果的转化，在科研选题、论证、后期技术开发能力方面会整体考虑，科研成果更趋实际价值。当然，将企业的市场主体性作用充分贯穿于科技项目的全过程会深化产学研协同，科技成果转化的可能性会明显提升；反之，会严重背离科技成果转化政策的传导路径，从而产生政策阻滞。（3）学科评价机制因素。高等教育面临着"大而不强"的困局，推动高等教育高质量发展就需要注重学科评价机制的导向作用。现阶段提出高校科学研究与创新型人才培养要与社会需求紧密结合，聚焦资源于优势学科上，突出特色发展，关注科研获奖的实际"含金量"。为此，高校学科评价指标体系也进行了适时调整，将科技成果转化指标视为一项重要的考核。"双一流"大学建设方案中更明确地将"着力推进科技成果转化"作为专项建设。由此可见，学科评价机制对科技成果转化政策的传导具有推动、深化作用。

对于政策执行的研究较为丰富。本书顺承前人研究结合本次调研访谈结果分析，认为科技成果转化政策在高校传导执行行为包括正常执行、象征性执行、试验性执行、选择性执行、行政性执行。按照公共选择理论，科技成果转化政策在高校传导过程中存在委托—代理关系，即政府委托、高校代理。科技成果转化政策从国家机关到基层高校，大致经过国务院、教育部、省级主管部门（市级主管部门）、高校四级政策执行部门。这其中就存在"政策调控距离"问题，特别是在现有隶属关系层次中，政府与高校间呈现明显的"智猪博弈"，国家政策目标与高校的既得利益之间有明显差异，高校多利用信息的不对称，从部门（个体）利益最大化角度出发，利用委托人的信息劣势、监管漏洞，有强烈的逆向选择动机与行动，既而会采取变通执行的策略或者采取观望其他兄弟院校的行为。

5.1.4 传导系统构架

科技成果发展到今天不仅仅是产学研三方的简单结合，更需要政府、金融机构、中介组织的介入，形成"政产学研金介"协同创新的模式，如图5-1所示。

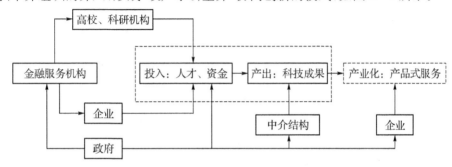

图5-1 传导系统构架图

5.2 基于扎根理论的传导模型构建

基于前文对在宁24所高校科技成果转化现状及基本问题的数理统计分析,我们发现尽管科技成果转化政策的"四梁八柱"已基本建立起来,但是科技成果转化政策在高校场域传导阻滞的客观现实依然存在。接下来,本章聚焦于"科技成果转化政策在高校传导受到哪些因素影响""科技成果转化政策在高校传导嬗变的特征、内在机理又该怎样理论建构"等问题,笔者借助质性研究方法——扎根理论,通过政策文本挖掘(Text Data Mining,TDM)、访谈、实地观察等方式对科技成果转化政策在高校传导机制的问题进行探索,按照扎根理论研究的原则与程序,展开中国情境下科技成果转化政策在高校传导机制的"主位研究",提炼其传导影响因素及其理论架构。

CQR(共识性)编码是扎根理论的主要特点。本章采用NVIVO11.软件对访谈记录进行编码,编码过程主要分为三个阶段:开放式编码、主轴式编码、选择性编码。而后对编码一致性和理论饱和度进行检验,进而构建抽象理论模型。

5.2.1 研究设计

(1) 样本选择

本章采用"理论性抽样"(Theoretical Sampling)、"合目的性抽样"(Purposeful Sampling)与"链锁式抽样"(Chain Sampling)三者有机结合的策略。为此,本书样本选择遵循三个维度:一是多渠道确定被试选择的标准。通过查阅文献和综合政策要求,结合科技创新政策与管理方面专家的建议,确定能抽取最多数据量的研究对象标准。二是校分管领导——部门负责人——教学、科研等带头人职务特征维度。一般认为政策传导执行的信号源由所属部门的核心领导发出,也沿着该线路反馈,形成传达闭环圈。本章抽样包括分管副校长——二级学院及直属机构副院长(副处长)——实验室学科带头人——基础科研人员群体。三是地区维度。新时代科技成果转化政策的主要目标是引导科技与经济紧密结合,为国家或区域发展提供支撑。延续前章研究,考虑到南京科教资源先天禀赋、科技成果转化问题典型、公共政策实践及全国科技体制试验田制度优势等因素,确定在宁24所高校为抽样区域是再适合不过的。

为此,按照调研抽样方法,剔除无效样本11个,共选择调研对象涉及在宁24

所本科高校(不含民办,其中7所部委属高校、14所省属高校和3所市属高校)的212人。其中包括各类科技人员44名,科技机构人员40名,科技经费人员20名,科技政策研究人员25名,科技项目人员28名,技术转移中心人员20名,孵化培育机构人员20名,新型研发机构人员15名(表5-1)。

表5-1 受访者来源及其基本资料统计

高校科技成果投入转化体系	资源要素	抽取要素主体及类别编号	人数	调研形式
科技创新投入	科技人员	重大项目主持人 A	28	个人深度访谈
		创新型团队带头人 B	16	个人深度访谈
	科技机构	重点实验室副主任 C	10	重点团体访谈、实地观看
		工程技术研究中心主任 D	10	重点团体访谈、实地观看
		协同创新中心校负责人 E	20	个人深度访谈
	科技经费	财务计划部主任 F	10	个人深度访谈
		校科研管理科科长 G	10	电话访谈
	科技政策	教学科研分管副校长 H	15	个人深度访谈
		校政策条例研究室研究员 I	10	个人深度访谈
	科技项目	科技成果管理处处长 J	14	个人深度访谈
		知识产权与专利处负责人 K	14	重点团体访谈
成果转化平台	技术转移中心	产业发展研究院副院长 L	10	电话访谈
		技术转移中心负责人 M	10	个人深度访谈、实地观看
	孵化培育机构	国家大学科技园副主任 N	10	个人深度访谈、实地观看
		众创空间负责人 O	10	个人深度访谈、实地观看
	新型研发机构	新型研发机构负责人 P	5	个人深度访谈、实地观看
		学科型公司负责人 Q	10	电话访谈

(2)数据收集及效度检验

在对文本进行研究与设计的过程中,为了尽力保证研究工作的科学性和合理性,本书采取文本资料与被调研者证据三角形消解信息建构效度问题。文本资料方面:通过政府官方网站、法律法规检索服务平台"北大法宝"和CNKI数据库资料构建三角形证据链。被调研者方面:通过个人深度访谈、电话咨询和实地观看有机结合,提供间接资料、补充证据,形成三角效度图。在2019年3月—11月之间,经省市相关部门协调联系,通过个人深度访谈与重点团体访谈相结合、电话访谈与实地观看相结合的方式获取样本数据。个人深度访谈或结合实地调研受访者148位,重点团体访谈(4~6人组)或结合实地调研34位,另外30位以电话访谈的形式进行。访谈时间平均为1h以上,对访谈全过程进行录音,部分由于实地查看无法现场录音的,由研究者事后及时逐句回忆,访谈结束后对音频资料进行听写和整理,并依次编码记录。为了尽量规避处理文本挖掘偏差及主观性,笔者采取了如下方法:① 反向追踪高校科技成果转化规则的年度总结报告和实时新闻报道,强化对质性材料梳理的全面性;② 对科技成果转化相关重大政策出台目的、实施效果进行焦点团体访谈、个人深度访谈,着重政策实施进程中关键性举措的认识,增强对质性材料处理的准确性;③ 实地观察高校大学科技园、技术转移中心、新型研发机构、学科型企业、国家重点实验室(工程中心)等的发展现状,进一步丰富对质性材料的"身份认同"。

经过对文本资料的比对整理,剔除无效样本后,形成样本资料212份。通过对样本资料的逐句拆解,通过随机选择其中2/3的访谈记录进行编码分析、理论模型构建,余下的1/3访谈记录留作理论饱和度验证。

5.2.2 范畴提炼

(1) 开放式编码

本阶段主要对原始访谈记录进行开放式编码,以获取影响科技成果转化政策在高校传导阻滞因素的概念类属。首先,对原始访谈记录进行逐字逐句的编码、贴标签和登录;其次,运用NVIVO11.软件对资料进行多次归纳、整理,由此挖掘出526个概念,并进一步地对初始概念范畴化;再次,剔除两类初始概念:一是出现频次少于2次的概念;二是前后矛盾的概念,如分类评价机制与统一评价机制、重视地方支持与地方政策失效等;最后,经过开放式编码处理,得出若干初始概念和范畴(受篇幅限制,仅选取部分如表5-2所示)。

表5-2 开放式编码的范畴化

编号	范畴	初始概念
1	高校价值选择	高校战略定位(E-16-01)、社会服务动机强度(N-06-02)、高校经验(J-13-01)、高校历史传统(D-09-03)、高校文化(N-05-01)
2	个人行为动因	先前案例效应(G-09-01;J-12-03)、责任归因(N-02-01)、风险承受能力(A-22-01;K-08-04)、制度压力(E-13-01,06)、领导者风格(O-09-04)、教学科研硬性约束性(A-25-02,04)
3	目标设置	目标的不清晰(H-11-02;H-05-01、07;I-01-04)、目标难度(I-06-03;H-15-01)、目标可分解度(J-11-02)、服务社会与教育科研的目标协调性((B-07-04;H-01-01;E-07-01,03)
4	政策结构	政策衔接不配套(J-13-01;M-02-02;I-01-04)、政策措施可操作性难度大(I-01-03)、政策执行的尺度把握(J-02-01)

第5章 科技成果转化政策在高校的传导模型构建

续表

编号	范畴	初始概念
5	政策权威性	与其他政策力度相比性(L-03-01、05)、多门管理(H-11-02)、人们对政策的态度(A-03-05;A-24-02)
6	激励策略	正式激励的强度、时限(E-02-03、04-09-01)、绩效工资弹性不高(M-02-01)、转移转化人员晋升渠道窄(N-09-03、06)、非正式激励为主：上级领导地位(O-08-03)、上级领导意志力表达频度(H-13-04)、荣誉表扬(P-03-02)、中央政府导向(I-08-03)
7	管理机制	纵向条块化管理(K-13-04)、部门间横向协作能力差(L-08-01)、职能范围有限(N-07-01)、市场化招聘人才养不起、经费投入与分配(F-01-03;B-14-05)、信息共享平台不畅通(O-07-01;M-06-04)
8	人才能力评价	职称评价考核重视量非成效(B-16-01;C-08-01、04)、横向与纵向同等认定程度(A-03-01;D-02-01、05)、注重高被引学者或团队(B-13-01;E-17-01)、高薪引进海外人才(H-12-01)
9	项目申报与评审	项目申报资格(A-25-01、06;C-08-02)、立项评审程序与方式(B-15-01;B-08-01)、很少有企业科技人员参与立项与结项评审(G-05-01)、项目结项评价倾向学术性非实践性(H-07-03;K-13-01)
10	学科评价机制	科研获奖评价(A-12-01;I-07-03)、优势学科绩效(H-05-01;B-10-01)
11	开放环境氛围	企业家精神(N-08-01;D-07-04)、社会媒体报道(G-02-01)、创新创业氛围(N-03-01;Q-02-01)、容错纠错氛围(C-06-02)、高位支持推动力度(M-01-01;J-07-02)
12	投融资服务	财政支持(F-03-01、04)、审计与税收(F-01-01;O-04-01)、风险资本(M-05-01)、引导基金规模(M-01-01)、资本筹措平台(O-09-01)
13	区域城市环境	区域产业基础(L-08-01;N-06-02)、产教契合关联度(C-04-01;E-01-01)、校地合作意愿(P-02-01;Q-08-03)、科技服务(M-09-02)、校企协同培养人才程度(E-16-01)
14	法律保障	地方政府政策环境(N-02-01;M-08-04;P-02-01)、侵权举证成本(K-14-01、01;I-05-03)、侵权赔偿收益(D-08-01;J-13-02)
15	执行行为	正常执行(H-11-03)、象征执行(P-03-01)、试验性执行(O-07-02)、行政性执行(H-07-01)、选择执行(M-08-02、E-17-04)

注：编码"×××-×××-×××"表示"调研主体类别-受访者访谈记录-记录的句子序号"，如A-02-03表示访谈重大项目主持人这一类别的第二个访谈记录的第三句话。

（2）主轴式编码

主轴式编码是在开放式编码得到的概念范畴化基础上对自由节点进一步分析和归纳，发现范畴间的关系，将相互独立的范畴进行联结，并提取主范畴的过程。在此过程中，概念间潜藏的逻辑关系更为显性化，为建构研究的理论框架提供可靠支撑。按照该思路，本书得出决策偏好、政策属性、内部管理、评价导向、外部支持和政策执行6个主范畴。具体的每个主范畴和对应的副范畴以及它们间关系的内涵如表5-3所示。

表5-3 主轴式编码形成的主范畴

主范畴	副范畴	关系的内涵
决策偏好	高校价值选择	高校政策执行者的价值选择是产生决策偏好的重要参考
	个人行为动因	个人责任归因意识、风险承受能力、领导者风格等是产生决策偏好的重要参考
政策属性	目标设置	目标设置的清晰度、难度、可分解度或协调性是政策属性的重要组成部分
	政策结构	政策结构的衔接配套度、措施可操作性和执行的尺度把握体现着政策属性
	政策权威性	政策的权威性直接影响着政策传导与执行行为，是政策属性的重要组成部分
内部管理	激励策略	正式激励、非正式激励两种策略是有效调节内部管理活动的重要方式
	管理机制	管理人才、经费投入规模和信息不对称消除程度体现内部管理的高效性
评价导向	人才能力评价	人才能力评价的方式、标准是评价导向的重要组成部分
	项目申报与评审	项目申报的资格、程序和评审的标准等是评价导向的重要组成部分
	学科评价机制	学科评价机制是评价导向的组成部分，在很大程度上影响着高校科技评价制度
外部支持	开放环境氛围	社会开放环境氛围是外部支持的重要"软件"
	投融资服务	投融资服务的资金链是外部支持的重要"阀门"
	区域城市环境	区域基础设施、产业基础等城市环境是外部支持的重要"平台"
	法律保障	法律保障体系的健全程度是外部支持的重要"护卫舰"
政策执行	执行行为	执行行为的类别，是执行行为有无偏差的重要参考，直接影响政策执行效果

（3）选择性编码

选择性编码主要是从主范畴中挖掘核心范畴,使其能够建立起范畴之间的逻辑关系,并以"故事线"(Story Line)的形式对研究的现象脉络进行描绘,以检验原有的研究假设,必要时补充、发展相关范畴,以此构建理论框架。在该阶段,可以通过NVIVO11.软件将各节点间具有逻辑关系的点连接起来。实质上,该阶段是一个对主轴式编码的分析、验证更为聚焦和理论再深化的过程。本书在主范畴之间发现的"使命—动力—策略—行为"四维度典型关系结构如表5-4所示。

表5-4 主范畴之间的四维度典型关系结构

典型关系结构	关系结构的内涵
使命 → 行为	政策属性体现着科技成果转化政策在高校传导并执行的使命,是高校执行政策的首要驱动因素,对政策执行有直接影响
决策偏好 外部支持 传导 动力 使命 → 行为	决策偏好是高校传导科技成果转化政策的行为逻辑,决定着"使命—行为"传导的动力强度和完整度,直接影响政策执行行为和政策效果 外部支持是高校传导科技成果转化政策的情境条件,决定着"使命—行为"传导的动力持续性和动能交换,直接影响政策执行行为和政策效果
评价导向 内部管理 传导 策略 使命 → 行为	评价导向是高校传导科技成果转化政策的罗盘指南,决定着"使命—行为"传导的策略选择和强度,直接影响政策执行行为和政策效果 内部管理是高校传导科技成果转化政策的平台载体和物资保障,决定着"使命—行为"传导的策略协调和目标达成度,直接影响政策执行行为和政策效果

按照该过程要求,我们确定"科技成果转化政策在高校传导阻滞的影响因素及其作用机制"为核心范畴,围绕核心范畴的"故事线"可以梳理为:政策属性、内部管理、决策偏好、评价导向、外部支持和政策执行等六个主范畴,其对科技成果转化政策在高校的传导存在显著影响,形成"使命指引(Mission Guidance)—动力供给(Power Supply)—螺旋推进(Strategy Promotion)—行为选择(Behavior Choice)"的四阶段传导作用机制,简称MPSB传导模型。第一阶段的使命指引主要是通过政策属性体现,由目标设置、政策结构、政策权威性等前牵引驱动因素组成,直接影响政策执行行为和政策效果。第二阶段的动力供给主要由高校政策偏好和组织外部支持的驱动力供给产生作用。高校进一步根据自身战略定位、经验以及历史传统等做出价值选择,强化或削弱了其政策传导动力,同时传导者个体的行为动因也会对此产生不同程度的作用力。组织外部的开放环境氛围、投融资服务、区域城市环境、法律保障的支持力度和互动强度进一步约束或强化了传导动力功能和传导产出的实际效果。第三阶段的螺旋推进是指评价导向与内部管理的双因素推动作用。上级部门对高校学科评价、综合能力绩效考核以及科研人员的职称晋升等考

评标准影响着高校执行策略的选择,同时,高校自身的激励机制和管理机制也影响着传导的有效性。高校外部的评价导向与内部管理在使命与执行行为的关系中起到双螺旋推进作用。第四阶段的行为选择是指在上述的使命、动力、策略的作用下,传导执行者采取的正常或偏差等行为,其实质是利益相关者博弈作用合力的结果路径(图5-2)。

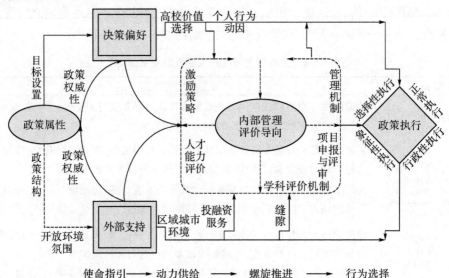

图5-2 科技成果转化政策在高校传导的影响因素及MPSB传导作用机制模型

5.2.3 模型检验

(1) 编码一致性检验

质性研究中由于编码者个体信度影响,存在访谈资料编码不一致现象,为了确保编码者在资料分析、概念提炼、范畴挖掘及解释中的一致性,通常需要对编码数据进行必要的考察。考察的方法有归类一致性指数、中位数检验、编码信度系数等,其中归类一致性指数的编码要求最为严格,编码结果可靠度高。为此,本书运用归类一致性指数对研究信度进行衡量。归类一致性指数(CA)计算公式如下:

$$CA = 2 \times \frac{T_1 \cdot T_2}{T_1 + T_2}$$

式中,T_1、T_2 表示两名编码者每人的编码总数;$T_1 \cdot T_2$ 表示两名编码者归类相同数,一般用 S 代表;$T_1 + T_2$ 表示两名编码者编码总和。

一致性检验分为两个步骤:第一,采用CQR(共识性)编码法与协同编码人分析讨论,首批对5个试验访谈记录进行协商一致性编码,构建编码规则。第二,对其余的访谈记录进行独立编码并开展归类一致性指数验证。结果显示本书的归类一致性指数均在 0.7 以上，编码稳定性良好，编码结果信度可靠。由于篇幅受限，访谈记录的归类一致性指数仅选取部分（表 5-5）。

表 5-5 部分访谈记录的归类一致性指数

被试编号	CA	被试编号	CA	被试编号	CA	被试编号	CA	被试编号	CA
E-16-01	0.746	H-11-03	0.761	G-08-11	0.713	D-05-02	0.771	F-10-13	0.864
A-03-07	0.841	C-10-17	0.794	B-04-02	0.745	I-09-03	0.746	H-02-05	0.742
D-08-15	0.673	E-16-01	0.643	I-05-01	0.651	E-16-07	0.731	A-15-03	0.754
I-10-03	0.862	K-11-08	0.768	A-17-15	0.713	C-01-12	0.715	G-04-09	0.811
B-15-09	0.754	H-07-06	0.694	P-04-01	0.734	O-06-04	0.673	B-12-02	0.795
J-13-05	0.746	G-04-19	0.746	N-01-04	0.631	A-25-01	0.857	K-06-04	0.761
F-03-01	0.691	O-01-04	0.753	C-07-01	0.815	J-03-05	0.758	I-02-11	0.706
Q-01-04	0.762	M-01-05	0.870	K-05-03	0.743	F-05-01	0.731	L-07-04	0.753

（2）效度、信度和理论饱和度检验

为了保证研究的效度与信度，本书采用第三者复核法与被访谈者检验法检验。首先，我们复请科技创新与管理领域的 10 位专家对本书涉及的概念、范畴以及相互间关系等进行系统性审查。结果显示，他们认为本书的概念编码和关系编码较为符合访谈记录内容，效度较高，通过检验。其次，我们随机抽取 125 份访谈记录通过邮件等方式发送给原访谈者，询问评定的调研内容能否较为全面地反映原始内容。通过对反馈信息的分析，原访谈者基本认同本书的理论框架，较少者对个别概念提出异议和建议，我们也进行了适当吸收。

为了保证研究模型建立的科学性，本书进行了理论饱和度检验。将原有余下的 1/3 访谈记录（71 份访谈记录）按照上述研究的过程进行编码和分析，未发现有新的范畴形成，检验结果符合"科技成果转化政策在高校传导阻滞的影响因素及传导作用机制模型"核心范畴，由此，本书认为已构建的模型在理论上是饱和的。

5.3 本章小结

本章主要探讨科技成果转化政策在高校传导的模型。在分析理论基础和传导系统架构的基础上,围绕两个问题:一是科技成果转化政策在高校传导受到哪些因素影响?二是科技成果转化政策在高校传导嬗变的特征、内在机理又该怎样进行理论建构?为了更有效地展开中国情境下科技成果转化政策在高校传导机制的"主位研究",提炼其传导影响因素及其理论架构,选择了212名受访者进行了深度访谈,采用NVIVO11.软件对访谈记录进行开放式编码、主轴式编码、选择性编码。研究发现,政策属性、内部管理、决策偏好、评价导向、外部支持和政策执行等因素对科技成果转化政策在高校传导存在显著影响,形成"使命指引—动力供给—螺旋推进—行为选择"的四阶段传导作用机制(MPSB传导模型)。

本章后续环节对模型展开必要性检验。为了确保编码者在资料分析、概念提炼、范畴挖掘及解释中的一致性,进行了研究数据的编码一致性检验;采用第三者复核法与被访谈者检验法,进行了研究效度、信度检验;为了保证研究模型建立的科学性,进行了理论饱和度检验。研究结果认为均通过上述检验,因此,证明了MPSB传导模型具有科学性、合理性与有效性。

第6章

科技成果转化政策在高校传导中的博弈分析

6.1 博弈主体分析

(1) 政府

政府在科技成果转化政策的传导过程中,作为地区科技创新发展方向决策者和科技创新能力和鞭策的驱动者,对科技成果转化政策的制定、推进和传导起决定性的作用。政府可以运用政策引导、资金支持和行政保护等手段来推动科技成果转化顺利进行,以此推动技术创新。与高校、科研机构和企业等实施者不同,政府在科技成果转化政策传导中,可以随着传导不断发展而变换自己的角色,比如在传导的实施建设阶段,政府要扮演推动者的角色而不是管理者,以避免上下不统一的现象出现;而在传导运行不顺畅的情况下,政府要扮演管理者和监管者的角色,解决问题使得科技成果转化政策传导顺利进行下去。政府通过了解高校及其他受用者的需求,改变政策手段和财政支持来协调、规范相关参与成员,保证了科技成果转化政策可以得到良好传导,以保障政府政策实施的权威性和地区科技成果转化发展的持续性。

(2) 高校

高校在科技成果转化政策传导过程中,作为科技成果转化政策传导枢纽和直接作用对象,可以根据相关政策给出的信息调整自身研究重点和目标,影响科研团队及学院教师的研究积极性和科研目的,进而提高高校科技成果转化产出效果和项目申请情况等代表高校科研实力的资本,对地区科技成果转化政策实施和传导有着不可代替的地位。高校是科技成果转化政策的实施主体和创新成果的策源地,是科技成果转化的"前哨"和"生力军",应当自觉接好政策的接力棒。高校在科技成果转化政策的传导中,在完成教育、科研和服务社会的办学宗旨和使命的同时,应自觉实施政策来提升强化自身的区域科教价值。在实践中,应依据时代发展需求、科技创新战略目标,主动面向世界前沿科技、面向经济主战场和国家重大发展需求,全面认识科技改革的新趋势,主动对接社会转型发展提出的对高质量科技创想成果职称的新要求。

第6章 科技成果转化政策在高校传导中的博弈分析

6.2 政府与高校非合作博弈

在传统博弈理论中,大多假定参与人是完全理性的,但现实的经济环境和社会环境与博弈问题本身的复杂性导致参与人的完全理性很难实现。作为管理学研究方法的一次创新,演化博弈否定了传统博弈理论理性人的假设,运用有限理性人假设解释博弈主体对策略的选择,并用群体代替个体作为局中人。利用动态分析把影响参与人行为的各种因素纳入其模型之中,并以系统论观点考察群体行为的演化趋势,不能够获得比传统理论更为准确的结果,更加现实地解释管理学现象。科技成果转化政策在高校的传导过程中,主要的参与人高校和政府的行为并非完全理性,而且高校具有群体性,不能只参考一所高校,因此在群体性上演化博弈可以代替个体进行研究,并且博弈过程中活动具有先后性,博弈主体之间活动并不透明,因此选择用演化博弈模型对政府和高校进行博弈分析具有很高的适配性。

演化博弈(Evolutionary Game Theory)模型包含两个概念:演化稳定策略(Evolutionary Stable Strategy,ESS)和复制动态方程。演化稳定策略是一个战友策略,群体中的大部分成员都会选择这个策略。复制动态方程可用微分方程 $\frac{dx}{dt} = x_n[u(n,r)-u(r,r)]$ 来表示,其中,n 表示不同的策略,x_n 表示群体中才去策略 n。例如,$u(n,r)$ 表示采取策略 n 的期望收益,$u(r,r)$ 表示群体的平均收益。这是用来描述一个特定策略在一个群体中被采纳比例的动态微分方程。

6.2.1 博弈模型假设

运用博弈模型分析高校与政府之间在科技成果转化政策在高校传导中的均衡关系,通过以下假设使得模型的构建和相应的计算简单化。

① 博弈的双方政府和高校都是有限理性的,他们以自己的意愿和认为对自身有利的判断随机地进行重复策略选择。

② 政府和高校都有两种可选择的行为策略,其中,政府对科技成果转化政策在高校的传导行为有监管和不监管两种行为选择,其策略选择空间简写为{监管,不监管};高校的行为选择有积极地进行政策传导、不积极地进行政策传导两种,其策略选择空间简写为{积极传导,消极传导}。

③ 博弈中政府选择监管行为的概率为 x,选择不监管行为的概率为 $1-x$,其

比例可表示为$(x,1-x)$；高校选择积极传导的概率为y，选择消极传导的概率是$(1-y)$，其比例可表示为$(y,1-y)$。

④ 在博弈中假设政府作为政策的颁布者和监督者，其监督成本为I，政府监管高校是否积极传导和履行科技成果转化政策的实施是政府的职责所在，高校积极传导政策后不会增加政府的收益；高校积极传导政策的成本为C，不积极传导政策将会获得S的收益，但是如若被政府监管所查到，将会受到C_1的惩罚，罚款归政府所有；如果高校不积极传导科技成果转化政策，政府用于治理和干预高校对科技成果转化政策的不积极带来的社会影响的成本为F。

根据以上假设，随机博弈中政府和高校双方的收益矩阵如表6-1所示。

表6-1 政府和高校的博弈收益矩阵

政府	高校	
	积极传导	消极传导
监管	$(-I,-C)$	$(C_1-I-F,C-S)$
不监管	$(0,-C)$	$(-F,S)$

6.2.2 政府与高校博弈分析

从以上高校和政府的收益矩阵中得出，当高校选择积极传导时，政府的最优选择为不监管；当高校选择消极传导时，政府的最优选择为不监管；同理，当政府选择监管时，高校的最优选择为消极传导；当政府选择不监管时，高校的最优选择为消极传导。因此，此次博弈的纳什均衡为（不监管，消极传导）。高校并不是完全理性的经济人，但是随着创新科技的发展对于高质量科技成果转化成果的需求提升，地区的产业经济建设对于科技成果转化的需求增强，高校将逐渐认识到科技成果转化政策对于其自身长期稳定发展的重要性，及时传导并和政府交流科技成果转化政策的实施。而且，博弈双方的选择是有先后顺序的，双方在重复博弈中不断地调整自己的策略选择，本质上，这是一种动态博弈。因此，为了更客观地求解该博弈的演化策略，本书运用演化博弈的复制动态方程来演算，得出两者之间的进化稳定策略。

政府选择"监管"与"不监管"的期望收益分别为U_{1Y}、U_{1N}，平均收益为$\overline{U}_1$，则

$$U_{1Y}=-yI+(1-y)(C_1-I-F)$$
$$U_{1N}=-(1-y)F$$
$$\overline{U}_1=-xyI+x(1-y)(C_1-I-F)-(1-x)(1-y)F$$

高校选择"积极传导"与"消极传导"两种行为策略的期望收益分别为U_{2Y}、

U_{2N},平均收益为 $\bar{U}_2$,则

$$U_{2Y} = -xC + (1-x)(-C)$$
$$U_{2N} = x(S-C_1) + (1-x)S$$
$$\bar{U}_2 = xy(-C) + (1-x)y(-C) + x(1-y)(S-C_1) + (1-x)(1-y)S$$

(1) 构建政府的复制动态方程

复制动态方程为:

$$F(x) = \frac{dx}{dt} = x(U_{1Y} - \bar{U}_1) = x(1-x)(C_1 - I - YC_1)$$

根据动态方程和演化稳定行为的性质可得出:当 $y = \frac{C_1-I}{C_1}$ 时,$\frac{dx}{dt}=0$,对于任意的 $x \in (0,1)$ 都是稳定状态;当 $y \neq \frac{C_1-I}{C_1}$ 时,$x=0$ 和 $x=1$ 分别是两种稳定形式。

对 $C_1 - I$ 的两种不同情况进行分析:

① $C_1 - I < 0$ 时,即 $y > 0 > \frac{C_1-I}{C_1}$,则 $x=0$ 是演化稳定行为。

② $C_1 - I > 0$ 时,其中当 $y < \frac{C_1-I}{C_1}$ 时,$x=1$ 是平衡点;当 $y > \frac{C_1-I}{C_1}$ 时,$x=0$ 是平衡点。它们对应的复制动态方程相位图如图 6-1 所示。

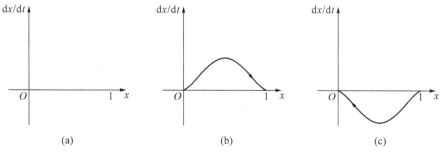

图 6-1 政府的复制动态方程相位图

(2) 构建高校的复制动态方程

复制动态方程为:

$$F(y) = \frac{dy}{dt} = y(U_{2Y} - \bar{U}_2) = -y(1-y)(C+S-xC_1)$$

根据动态方程和演化稳定行为的性质得出:当 $x = \frac{C+S}{C_1}$ 时,$\frac{dy}{dt}=0$,对任意的 $y \in (0,1)$ 都是稳定状态。当 $x \neq \frac{C+S}{C_1}$ 时,$y=0$ 和 $y=1$ 分别是两个稳定状态,若 $x < \frac{C+S}{C_1}$,则 $y=0$ 是平衡点;若 $x > \frac{C+S}{C_1}$,则 $y=1$ 是平衡点。它们对应的复制动

态方程相位图如图6-2所示。

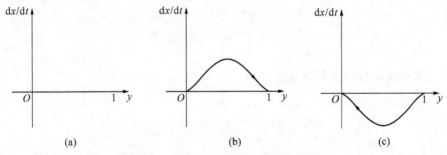

图6-2 高校的复制动态方程相位图

(3) 均衡点的稳定性分析

将政府和高校之间的复制动态关系绘制在平面直角坐标系上,如图6-3所示。从图6-3中可以看出,对于初始状态x和y来说,有四个区域,即:

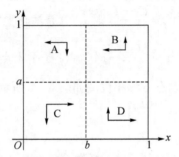

图6-3 高校和政府博弈双方复制动态和稳定性

① 当初始状态落在A区域时,对照相位图可以发现,政府选择不监管行为、高校选择不积极传导占优,即政府选择监管和高校选择积极传导政策的行为在两个群体中的比例会逐渐下降,该博弈收敛于$(x=0, y=0)$。

② 当初始状态落在B区域时,对照相位图可以发现,政府选择不监管行为的会增加收益,高校选择积极传导和实施科技成果转化政策的行为会增加收益,该博弈收敛于$(x=0, y=1)$。此时的行为可以证明是演化稳定行为。

③ 当初始状态落在C区域时,对照相位图可以发现,政府选择监管行为会增加收益,高校选择不积极传导和实施科技成果转化政策的行为会增加收益,该博弈收敛于$(x=0, y=1)$。

④ 当初始状态落在D区域时,对照相位图可以发现,政府选择监管行为会增加收益,高校选择积极传导和实施科技成果转化政策的行为会增加收益,即政府选择不监管和高校选择不积极传导政府政策行为的比例在两个参与主体中会逐渐下降,即该博弈收敛于$(x=1, y=1)$。

6.2.3 博弈结果分析

在该演化模型中不同的参数取值范围,博弈双方有不同的演化稳定性策略。政府作为政策的制定者和公共服务机构,其基本职能是在了解高校科技成果转化需求后,积极地制定相关政策以提升地区科技成果转化成功率,也需积极监管高校的传导和实施情况,因此监管与不监管之间的成本差异很小,即 I 的值很小。高校如果不积极传导政策,从政策的长期效应来讲,对高校的科技成果转化等科研活动有一定影响,不利于高校的评奖及名誉等,因此设定 $C_1>S,C_1>C$。

由此推出,当 $C_1-I<0$ 时,$y>0>\dfrac{C_1-I}{C_1}$,这种情况出现的概率较小。

对于一个由微分方程系统描述的群体动态,其均衡点的稳定性是由该系统得到的 Jacobi 矩阵的局部稳定分析所得,下面就利用此种方法来研究模型中各博弈参与者的行为选择,系统的 Jacobi 矩阵为:

$$\begin{bmatrix} (1-2x)(C_1-I-yC_1) & -xC_1(1-x) \\ y(1-y)C_1 & -(1-2y)(C+S-xC_1) \end{bmatrix}$$

由上述分析可知复制动态方程的不动点为:$(x,y)=(0,0)$,$(x,y)=(1,0)$,$(x,y)=(1,1)$,$(x,y)=(0,1)$,$(x,y)=\left(\dfrac{C+S}{C_1},\dfrac{C_1-I}{C_1}\right)$。

当 $x=0,y=0$ 时,有 $\begin{bmatrix} C_1-I & 0 \\ 0 & -(C+S) \end{bmatrix}$,行列式的值为 $-(C+S)(C_1-I)$,符号为负,行列式的迹为 $(C_1-I)-(C+S)$,符号不定,因此该点不稳定。

当 $x=1,y=0$ 时,有 $\begin{bmatrix} -(C_1-I) & 0 \\ 0 & -(C+S-C_1) \end{bmatrix}$,行列式的值为 $(C_1-I)(C+S-C_1)$,符号未定,行列式的迹为 $-(C_1-I)-(C+S-C_1)=I-C-S$,符号为负,因此该点也不稳定。

当 $x=0,y=1$ 时,有 $\begin{bmatrix} -I & 0 \\ 0 & C+S \end{bmatrix}$,行列式的值为 $-I(C+S)$,符号为负,行列式的迹为 $C+S-I$,符号为正,所以该点稳定,代表演化稳定行为中的较优行为。

当 $x=1,y=1$ 时,有 $\begin{bmatrix} I & 0 \\ 0 & C+S-C_1 \end{bmatrix}$,行列式的值为 $I(C+S-C_1)$,符号未定,行列式的迹为 $C+S-C_1+I$,符号未定,所以该点不稳定。

当 $x=\dfrac{C+S}{C_1},y=\dfrac{C_1-I}{C_1}$ 时,同理可得行列式的值符号为负,行列式的迹符号不定,所以该点不稳定。

综上所述，$(x,y)=(0,0)$，$(x,y)=(1,0)$，$(x,y)=(1,1)$，$(x,y)=\left(\dfrac{C+S}{C_1},\dfrac{C_1-I}{C_1}\right)$都是不稳定的，只有$(x,y)=(0,1)$是最优行为。

以上研究表明：政府选择履行监管职责对高校的政策传导进行监管的比例越高，高校对科技成果转化政策的实施和传导的积极性就越大，直到慢慢增大到1；反之，政府选择履行监管职责对高校的政策传导进行监管的比例越低，高校对科技成果转化政策的实施和传导的积极性就越小，直到慢慢减为0。当高校不积极履行科技成果转化政策在高校的传导所负担的未来的权益降低比其不积极监管所获得的收益比重大时，且所减少的权益和交给政府的罚款比政府监管高校的成本都大的情形下，高校将倾向于选择积极传导和实施科技成果转化政策。政府政策对科技产品发展及高校的激励比重的关注度越高，高校对科技成果转化政策的传导的积极性就越高，政府监管高校对政策传导行为的比例就会下降。对于政府而言，无论高校是否在积极地传导科技成果转化政策，政府都应选择监管高校的政策传导，这是一种演化稳定状态，可以使得高校与政府的演化博弈模型达到最优。

6.3 政府与高校合作博弈

博弈论（Game Theory），又称对策论，是研究两人或者多人之间竞争合作关系的学科，可以广泛应用于人类学、生物学、经济学、商业、管理、政治和财富等各个方面。根据参与人之间的相互关系，又可将博弈论模型分为非合作博弈（Non-Cooperative Game）和合作博弈（Cooperative Game）。相比于非合作博弈来说，合作博弈虽然产生年代早，但是由于发展速度过慢，并不受重视，但随着协同合作发展的影响，合作博弈理论的价值逐渐凸显。合作博弈认为博弈的参与人可以通过交流和承诺获得更好的结果，其中最常见的为两人"讨价还价（bargain）"式的纳什解和联盟博弈，其中两人"讨价还价（bargain）"式认为合作博弈的本质是允许存在自愿签订但有约束力的协议，主体之间在约束协议的制约下之间存在共同利益，但利益又不完全一致，后进一步决定利益的分割和分配；联盟博弈是三人及以上的多人合作博弈问题，与两人"讨价还价"式不同的地方在于，多人的博弈分析需要考虑对联盟的分析。由于此处参与主体为政府和高校，分析了二者之间合作后的政策传导问题，因此选取两人"讨价还价"式博弈模式进行研究。

合作博弈具体是指由于博弈各方的相互依存性，博弈中的理性决策应是建立在预测相对人的反应情况下,将自己置身于对方角度对其思想和行为进行预测,在此基础上选择自己的行动。在科技创新推动经济发展趋势下,政府作为科技成果转化政策的制定者,而高校作为政策的实施者,同时也是政策的传导者。科技成果转化政策的传导情况影响着政策实施的效果,政策传导通过高校相关管理部门和分管部门实施,而高校以自身发展和追求利益最大化为目标,政府以最有效发挥政策作用为目标,所以两者形成需要传导和被传导的博弈关系,在影响科技成果转化政策的实施效果的同时,也会影响地区科技创新,因此政府需与高校达成共识,建立合作机制,才可实现预期目标。

6.3.1 政策使命指引下的博弈分析

科技成果转化是地区创新科技发展的重要环节,高校作为科研重地,政府应积极关注高校科技成果转化现状和需求,同时政府也需加强对相关政策在高校的传导过程中的引导,以期实现政策与需求对接,成果与产业对接,提升地区科创荣誉,进而加快社会经济增长。在科技成果转化政策的传导过程中,研究考虑从政府和高校两个利益相关者的自身利益出发,在科技成果转化政策传导过程下进行相互博弈。

科技成果转化政策的颁布和传导,应考虑高校、科研院所、创新平台以及企业等受众群体的发展现状和需求,建立有利于区域科技发展、知识创新和经济转型等宏观社会收入提升的政策传导机制,才可实现知识经济溢出所带来的区域经济增长。其中对于地方政府和高校而言,对科技成果转化的期许不同,政策传导前后主体的成本和收益也不同。高校出于对自身利益的理性考虑,会强调政策施行后相关权益的增减变化,甚至会在政策传导过程中出现不积极实施传导的行为,如申请专利后,由于考虑转化政策和社会发展现状对自身的损害程度,而选择不进行成果转化。然而,政府作为政策的创造者,其会考虑社会发展需求,并参考上级政府以及其他地区政府颁布的相关政策,根据自身可支持能力以及财政能力去颁布和实施科技成果转化政策。因此,政府和高校在政策颁布过程中对政策做出博弈策略的孰先孰后都会影响博弈主体的利益分配,对博弈的结果有着深远的影响,也对政策的传导有着一定的影响,通过政府主动了解高校需求和被动了解高校需求两种不同的模式,对政策的颁布进行研究,可以看作在合作情况下两方博弈行为的先后会对利益分配产生影响。

(1)政府主动式了解高校需求情况下政府和高校之间的合作博弈过程

政府对于科技成果转化的政策供给旨在完善科技成果转化激励机制、市场化机制,推动建设科技成果转化载体,强化科技成果信息交汇与发布等。有效政策供给可以破解科技成果转化过程所遇到的部分问题,对于高校来说,政府政策是适配于高校、科研院所、创新创业平台和企业所有主体的,尤其是奖励和激励性质的政策,会受到上级政府及同级其他地区政府的政策的影响,所实施的政策在高校科技成果转化中影响效果较差。因此,政府主动式了解高校需求的行为有助于政府及时地了解高校的需求,调查高校的科技成果转化现状,进而根据高校的相关现状和需求,修整相关的科技政策,使得科技政策能够得到高校管理人员以及科研人员的认可,最大限度地解决科技成果转换不通顺的问题,提高高校科技成果转化率,改善高校科技成果转化收益。

以上行为可以看作是合作博弈的讨价还价形式,主要是高校与政府就科技政策的侧重面和实施空间来进行博弈,并进行讨论,政策实施后的收益对于双方而言效用不同,其中对于高校而言,收益主要包括激励政策、人员引进、项目申请,以及和税收缴纳相关的政策附带收益,科技成果转化路径通畅后科技成果转化率升高的收益以及社会名誉;对于政府而言,利益主要凸显在政策实施后的积极反应,科技创新度提高后带来的社会经济增长,地区高校名誉增长后带来的地区名誉提升等;而对于高校的付出来说,可以包含当政府调查现状时的高校科技成果转化现状和项目实施现状的曝光,触碰到部分管理人员和高校的科研人员的利益,可能会减少政府对高校的项目拨款,也会加大高校经费管理,扼制高校对项目经费的管理,在部分程度上损害高校的权益;对于政府来说,其一,积极迎合高校等相关主体需求制定政策,需要耗费更多的成本去调查和访问;其二,部分政策和条例对科技成果转化项目的税收优惠等的激励政策,可能会减少政府的财政收入;其三,政府代表权威,是一切法令的颁布者,积极地配合需求者的要求,会降低政府的权威性,这也是部分政府在对政策进行调整时纠结和思考的重要权益问题。

(2)政府被动式了解高校需求情况下政府和高校之间的合作博弈过程

政府被动式了解高校需求的表现是政府对于政策颁布,只是自主地考虑当前国际市场需求和新兴产业的发展,并参考同级和上级政策来实施和制定本地区的科技政策。对于高校相关受益者而言,为了保障自身的权利,会积极地迎合科技政策,改变当前的研究方向,以"搭便车"寻求更多的收益。对于高校而言,高校为迎合和获得更多的科技项目,会考虑发展新兴学科,而忽略老牌优质学科,从而带来优势学科发展停滞,新兴学科建设不行的问题。对于政府来说,由于政策颁布符合国家需求和代表政府态度,保障了自我的权威,也可提升地区的科技创新,改变地区的科技产业结构,引来更多的创新企业。但是政府和高校双方在被动式的接受和博弈过程中,虽然出现了分配平衡和效用平衡,但是长期实践后,地区和高校会出现创新动力不足和产业发展减慢的情况。主要是因为新兴产业发展初期较为快速,到中期后,其对于人才和产业链的依赖度提升,会出现高校人才供给不足,产业链发展断层,进而造成产品创新度低,产品价格高,从而造成企业发展跟不上国际市场的需求,影响区域经济的发展。而对于高校而言,由于政府的激励政策和项目制定区域,与高校的优质学科研究不一致,会有很多高校选择开设和研究更多新兴的产业和行业,在此情况下,对于高校教师而言,由于产业的创新度高而受限于自身的能力及研究领域,在短时间内知识的积累量达不到优质师资的要求,对学生的培养和项目实施落后于产业需求发展,就会出现项目进程慢、产品创新信度低、市场需求量小,从而产生科技成果转化率低的情况。

6.3.2 政策动力供给和推进阶段的博弈分析

在经济学角度上,政府层面追求的目标是地区科技成果转化的"帕累托最优",即整体福利的最大化,如果各方博弈行为达到"纳什均衡"能够满足"帕累托最优",那么合作会顺利推进;反之,将陷入博弈困境,各种矛盾会阻碍科技成果转化的政策提升进程。合作博弈强调团体理解即效率、公正和公平。合作博弈各方在达成共同目标的条件下,通过谈判、分工、权衡利益,达到合作供给有效运行的状态。随着政策从上级到下级的深入推进,改革日益成为普遍共识。如何实现多方合作,顺利推进改革,势必涉及利益分配和成本分摊问题,成本分摊有时会显得更为重要,特别是在如何处理既得利益主体在改革过程中利益可能受损的问题,如果能够分担成本,或者提供额外收益,改革的阻力就会减小,合作的可能性就会增加。科技成果转化政策的传导过程中,高校传导成本的多少和转化收益是否增加是高校选择积极传导的关键。政府在其中作为政策的主要颁布者,为追求自身的权益最大化,会选择与高校进行合作或选择监管高校对政策的传导。政策传导的需求环境和激励环境是高校实施科技成果转化的关键,政府与高校"讨价还价"行为的关键在于高校的权益是否减少,而对于政府来讲要考量满足高校的政策传导过程的需求,所花费的成本是否能够承受,或满足高校需求时对于自身的权威性是否具有挑战性。因此研究进行以下博弈分析:

假设政府和高校在政策传导合作前的收益分别为 U_1 和 E_1,合作后的收益为 U_2 和 E_2,政府和高校对于科技成果转化政策的博弈行为如下:

① 当政府与高校合作后收益 $U_2 > U_1$,高校收益 $E_2 > E_1$,合作后政府和高校将获得 U_2 和 E_2 的最大化利益,地方政府和高校均会采用合作情况下对政策进行传导的行为选择以改变政策传导所需求的环境,合作是地方政府和高校的一致性行为。

② 当政府在参与高校政策传导过程中与高校合作的情况下,如果收益 $U_2 > U_1$,高校的收益 $E_2 < E_1$,政府将会获得 U_2 的最大化利益,可以主导科技成果转化政策在高校的传导;但是对于高校会产生 $E_1 - E_2$ 的利益,高校会消极进行。高校消极进行政策传导是政府不接受的。当高校进行传导前后成本和收益相差太大

时,这就要求政府根据高校自身的利益提供一定的补贴和扶持,或修整政府制定的政策,使高校在政府介入时的成本和收益空间发生变化,激励或规制高校积极配合科技成果转化政策的传导。

③ 政府满足高校需求后在高校的政策传导收益为 $U_1>U_2$,高校的收益 $E_2>E_1$,政府满足需求后的利益损失为 U_1-U_2,高校获得了最大化的收益 E_2。在政府制定某项科技成果转化政策后,高校可能会出现不积极实施和传导相关科研活动,此时需要政府介入,但当政府介入时需要投入一定的成本,权益相对也会产生减少,因此政府应在考虑自身权威性的情况下考虑自身权益的增减,采取是否满足高校传导需求的策略。

④ 当政府和高校合作对政策进行传导后,政府的收益可能为 $U_1>U_2$,高校的收益 $E_1>E_2$,政府合作后利益损失为 U_1-U_2,高校合作后利益损失为 E_1-E_2,政府和高校均会选择不积极合作进行政策的传导。但是这将会牺牲高校科技成果转化的效率,回到最初高校科技成果转化对政策的需求现状,这有悖于政府提升地区科技成果转化现状的初衷。为了提高地区的科技创新能力,将强制政府和企业积极合作进行科技成果转化政策的传导。但是当合作前后高校的收益和成本变化较大时,这就要求政府整改政策加大扶持和激励,使高校积极合作的收益和成本发生变化,激励或规制高校进行政策传导。对于政府而言,如果受到自身功能和财政支出方面的限制,无法满足高校积极进行政策传导情况下对政策扶持和激励的需求,此时就会向上级政府申请财政补贴,推动科技成果转化政策在高校的传导,提升高校的科技成果转化率。

6.3.3 政策传导执行阶段的不平等博弈分析

在以"智猪博弈"为特定场域的对局中,参与博弈双方的条件约束(放大到社会领域其实就是制度约束)是既定的:如双方都是理性、自利的,且能力上存在一定差距,目标收益有限,存在行动成本等。如政府与高校在科技成果转换政策传导执行过程中的激励及其行为与"智猪博弈"中的大猪和小猪是类似的。假设猪圈里面有一头大猪和一头小猪,把食槽放在猪圈的一侧,另一侧是喂食的按钮,当按钮被按下就会有 10 个单位猪食进槽。但是没有其他人会碰这个按钮,按这个按钮必须要以 2 个单位的成本付出为代价。当食物进入食槽后,如果大猪先到,大小猪吃到的食物量的比是 9∶1;同时到槽边,食量比是 7∶3;小猪先到槽边,食量比则为 6∶4。但显然,先采取行动的一方因为往返耗时而使自己处于劣势。

A 代表大猪,B 代表小猪。单元格中前面的数字表示大猪的收益,后面的数字表示小猪的收益。在扣除成本后,收益矩阵如表 6-2 所示。

表 6-2 "智猪博弈"收益矩阵

大猪 A	小猪 B	
	采取行动	等待
采取行动	(5,1)	(4,4)
等待	(9,-1)	(0,0)

(1) 等待困局情况

从博弈矩阵的收益组合来看,双方各自等待的组合收益(0,0)虽然是均衡的,但却是低效和无效的。"搭便车"的"等待"表明社会资源并未处于最优配置状态,从整个社会的组合效率来看,博弈局中任何一方改变"等待"策略,都将大概率增进整体福利。例如,至少存在大猪行动而小猪等待的帕累托改善的优化选择,即政府选择调节政策与高校需求之间的关系,高校选择等待策略。这样一来,在前述的智猪博弈经典例子中将会形成(4,4)的组合收益。由此可见,"等待"困局折射出科技成果转化政策传导推进得不够顺利,因而高校和政府也都需要对此做出有效回应。

(2) 打破低效的等待困局需要改变博弈规则

智猪博弈揭示了博弈局中人一方需要以成本支付为条件换取共存互利,否则将"锁定"为互相等待的困局。显然,如果有力量打破这种博弈平衡,"锁定"将解除,预期收益将被再配置,"等待"困局亦会随之化解。但是,这种对局组合收益从"锁定"到"共存互利"的出现,只是理论层面通过重复剔除严格劣策略所求出的纳什均衡解,在现实中并不必然形成,它需要改变约束条件或做相应的制度变迁。从理论及现实性上来说,做出打破"等待"困局这一改变的行动主体,更应该是地方政府而不是高校。这不仅因为智猪博弈模型证明了大猪的行动策略是理性的,而且因为在满足社会公众发展以及科技成果转化提升的环境需求下,作为"大"猪的政府必须承担引导和满足高校参与科技创新活动的环境需求以及相关政策需求的客观使命。

(3) 高校与政府博弈的变化

考察"智猪博弈"模型中的政府与高校之所以会在合作博弈中走向"锁定"困局,不能忽视其给定的严苛约束条件,否则变局无从谈起。具体来说,在其特定的约束条件下,可以视为破解和改进的切入点有:双方能力差距大小既定、目标收益有限且既定、存在行动成本且成本既定等制度假设。从这些核心指标看,其一,如果将三种情形下的大小猪进食收益比从(9,1)、(6,4)和(7,3)的组合收益条件做出某种比例的变更,即缩小进食能力差,甚至再进一步适量增加目标食量,那么,小猪或大猪将可能不会再等待。在推动科技成果转化政策传导过程中,用政策和环境优化增加"小猪"的收益能力,让高校尽量服从政策引导方向进行科技活动。由此起到激励作用,"小猪"面对的目标食量增加,导致高校对科技成果转化政策的关注度大大提高。其二,行动成本如果变小,小到使小猪更有激励按下按钮、使高校更有动力"行动",那么"锁定"困局也可能随之破解。同理,高校对科技成果转化政策的传导可以从如下两个方向做相应的制度协同:① 适当满足高校或者需求者的科技成果转化相关活动的需求,使高校在科技成果转化政策的实施中获得更多的收益;② 增强小猪的进食能力,也即减少政策与高校发展不同步情况,同时政府需进一步减少科技成果转化政策在高校的传导过程中的不透明情况,增加监管和反馈功能。

6.4　本章小结

本章构建了政府和高校之间的非合作博弈和合作博弈两类模型,分析了政府和高校在科技成果转化政策的传导中可能采取的最优策略。基于非合作博弈的模型研究表明,政府选择履行监管职责对高校的政策传导进行监管的比例越高,高校对科技成果转化政策的实施和传导的积极性就越大;当高校不积极履行科技成果转化政策在高校的传导所负担的未来的权益降低比其不积极传导所获得的收益比重大,且所减少的权益和交给政府的罚款比政府监管高校的成本都大的情形下,高校将倾向于选择积极实施和传导科技成果转化政策。对于政府而言,无论高校是否积极地传导科技成果转化政策,政府都应选择监管高校的政策传导,这是一种演化稳定状态,可以使得高校与政府的演化博弈模型达到最优。基于合作博弈的模型研究结果表明,在使命指引、动力供给、螺旋推进、行为选择的四个不同传导阶段,博弈双方有不同的策略选择,需要做出不同的制度设计来回应。

第7章

科技成果转化政策在高校的传导机理

前文通过对在宁 24 所高校科技成果转化的相关资料扎根编码分析，探索到两个重要的理论发现：① 高等教育"新常态"情境下，高校转型发展的内涵丰富性以及由此带来面向经济社会主战场的多维性；② 科技强国战略与高质量发展情境下，科技成果转化政策在高校传导的理论模型。科技成果转化相关政策网络较为复杂，牵涉的利益相关者多元，且以上理论发现取材于有限的质性材料和部分访谈，对诸如政策属性、决策偏好等因素影响政策传导过程该如何理解？若置于公共政策执行视角下，其传导的作用机理该如何理解？诸如此，还有待结合高校层面多重利益关系的客观现实以及社会学、管理学等领域经典文献资料进行具体阐释。当然政策传导不是一蹴而就的线性运作结果，它是各要素、各环节间相互影响、相互作用的动态循环过程，本研究暂且以静态视角的阶段论划分来对其进行剖析。为此，本章尝试对科技成果转化政策在高校传导的 MPSB 抽象模型进行理论解释。

7.1 政策使命指引传导阶段

著名学者钱德勒（Alfred Chandler）指出，政策战略、目标、结构以及权威性等是由其使命促成的。我国学者丁煌研究政策制定科学性与执行的有效性时认为，应多关注政策本身的属性价值，它包括政策合理性（制定是否问题导向）、明晰性（目标是否模棱两可）、协调性（政策是否系统性）、稳定性与公平性（涉及政策权威性问题）。本研究结合公共政策理论和调研访谈的分析结果，认为科技成果转化政策在高校传导过程中，政策使命内化在其属性中，通过政策目标设置、政策结构及权威性体现出来。

（1）政策属性价值主要受到政策目标设置的影响。通过调研访谈分析，发现部分高校认为现行政策放权于高校，通过深化科技体制改革，增强科技供给能力，实现增强企业创新能力的国家技术创新体系的战略目标，但要认识到科技成果转化是一项系统性工程，并非高校一己之力，需要更为清晰、可量化、易分解的协同目标设置。现行政策虽然出台较多，但其多使用政策性及原则性语言或规定，目标模糊。政策虽然鼓励教师离岗创业，但也要意识到对教学科研带来的负面性，部分研究人员以科研为名将学生作为私人创业的廉价劳动力的事件时有发生，成果转化活动与创新型人才培养间孰轻孰重、如何融汇共生亟须解决。

（2）政策结构因素直接影响政策属性价值，体现着政策使命的引领力。受公共政策自身特征影响，科技成果转化政策多是金融政策、行政支持、法规管制等策略,虽然较完善,但没有实质性的配套措施,产学研支持政策仍是短板,税收与审计政策仍需实质性的可操作性,无形资产如何管理才不会流失,执行标准急需出台。如现有《关于进一步加强职务发明人合法权益保护若干意见》规定,职务发明成果可与单位协商自行转化,但国有资产管理条例规定需要进行后续审批等程序,不得自行实施。

(3)政策权威性因素也不可忽视。现有科技成果转化政策出台部门涉及教育部、国防部、科技部、国务院办公厅以及地方相应部门等20余个单位,但联合发文的不足5项,政策协调性差折损了政策权威性。同时,高校种类复杂,隶属也较为不同,且地方政策与教育部等国家部门出台的政策具有差异性,出现部分高校执行困惑现象。政策信息发出源的多主体、多层级,自然会产生高校执行态度迟疑、传导力度损耗、节奏放缓,严重降低了政策的权威性。

7.2 传导动力供给阶段

7.2.1 决策偏好

决策偏好是指组织或个体在面临若干选项或备选方案时选择其一的倾向。在决策偏好方面,前人的研究成果较为丰富,如汪丽等发现,决策者偏好对在不确定环境与企业创新强度关系中有显著调节作用。结合风险决策理论并顺承前人的研究,本书将决策偏好分为高校价值选择和个体行为动因。

(1)高校价值选择是高校组织决策的首要因素。它包括高校战略定位、社会服务动机强度、高校经验、历史传统与文化等。本书发现,高校的战略定位、社会服务动机强度对决策者决策偏好的选择有主要影响作用。综合类、理工类高校定位于科研与服务社会并重,校地、校企互动活跃,关注科技成果转化积极性较高。当然高校经验、历史传统与文化氛围因素也较为重要。有技术转移经验和历史的高校,政策传导的效果显著。

(2)个体行为动因是影响决策偏好的重要因素,包括先前案例效应、责任归因、风险承受能力、制度压力、领导者风格、教学科研硬性约束性等。在高校科技成果转化中,先前案例效应对政策的传导有两面性作用。高校成果转化效益良好的带动示范有助于兄弟院校模仿学习,反之,因涉及国有资产流失被调查对政策传导有消极抑制作用。领导者敢闯开放的风格、高风险承受能力,能有效地促进政策的高质量开展,若受于制度压力,责任逃避或懈怠,政策传导的动力减弱,则采取偏差执行行为。

7.2.2 外部支持

外部支持是指达成某一政策或活动的目标,组织外部给予的补给动力。外部支持力度越强,组织内外部动力协调性就越高,那么最终促成该目标的可能性就越大。外部支持是学界研究的热点,任意领域活动都离不开外部环境。如刘丽文等认为企业实施 ERP 管理模式需要特殊的外部环境支持,否则会带来系统性风险。本书从外部效应分析视角,结合调研访谈,将外部支持环境划分为开放环境氛围、投融资服务、区域城市环境、法律保障。

(1) 开放环境氛围因素。它具体包括企业家精神、社会媒体报道、创新创业氛围、容错纠错氛围、高位支持推动力度 5 个方面。企业是市场的主体,优秀的企业家精神和积极的创新创业氛围对强化高校政策传导动力、深化产学研协同有重要作用。

(2) 投融资服务因素。高校为非营利性组织,但成果转化资金需求量较大,政策落地还受到财政支持、审计与税收便利性、VC 注股、转化引导基金和发达的资本筹措平台等因素的影响。目前转化引导资金不足、政府财政支持资金有限、VC 对投资的短视行为项目等是高校科技成果转化普遍遇到的瓶颈。

(3) 区域城市环境因素。它具体包括区域产业基础、产教契合度、校地合作意愿、科技服务、校企协同培养人才程度。良好的区域产业基础和较高的产教契合度、专业化的科技服务能够促进市场与成果的对接,健全成果转化渠道与成果评估机制,为政策传导动力增加新活力。这也就解释了为何省属高校在技术交易等方面较部委属高校更有优势。这是因为地方高校缺失纵向经费支持,故而转向获取企事业单位收入支持,据了解 2011—2015 年企事业单位收入高于财政经费的高校有 3 家,其中省属高校 2 家(南京邮电大学、南京工业大学)。

(4) 法律保障因素。成果转化风险是高校众多专利"束之高阁"的主要因素。科技成果转化跨越"死亡之谷"需要有健全的融资担保制度、风险防控制度、风险补偿制度等。法律对产权人的保护力度不足,出现侵权举证成本高,侵权赔偿后的收益又远低于预期专利收益的弊端,这也解释了众多科研人员转化成果积极性不高的原因。

7.3 螺旋推进传导阶段

7.3.1 内部管理

高校内部管理是指高校组织内部的结构体系，主要解决内部运行管理问题。高校内部管理体制经过试点、全面改革和不断深化三个阶段后，现代大学制度基本建立起来，但现有管理体制的弊端仍是学者们研究的重点。如胡弼成认为在高校内部管理制度的制定与执行问题上，后者尤为重要，高校普遍存在"单纯重视制度制定，满足于制度的制定，轻视制度执行"的认识和行为，并指出其症结在于高校管理体制。这些虽然是微观层面的原因，但所产生的实际影响却不容忽视。本书顺承前人关于高校内部管理的研究，结合本次调研访谈分析，认为内部管理包括激励策略与管理机制。

（1）激励策略的选择因素。它具体包括正式激励与非正式激励两种类型。正式激励是指在目标管理下各种约束性指标所对应的正强化与负强化措施。包括主管部门对高校或高校对所属机构制定的具体项目考核，将成果转化纳入干部绩效考核会对高校传导行为选择有重要推动。这种影响取决于奖惩措施的强度、时限等因素。高校粗糙式的工资绩效考核和较窄的晋升渠道，严重抑制了专职转化人员工作的积极性。在调研访谈时发现，非正式激励的影响较为显著。它是指国家层面和上级领导对政策传达的意图和权威，由国家层面政策导向、上级领导地位与意志力表达频度、获得口头表扬等要素组成。

（2）管理机制因素。在高校内部管理因素中，管理体制问题是制约内部管理体制的关键症结所在。科技成果转化是一种市场行为，追逐交易成本最小化是其效率本能。高校组织内部的纵向条块化管理，业务分割、互不交叉，各部门职能范围的零星化，带来部门间利益与权限划分的冲突与混乱，增加了部门间横向协作的难度。协调成本的提高衍生交易成本的问题严重违背了成果转化规律。南京工业大学、东南大学等高校探索的单列科技成果服务人员编制与市场化薪酬体系，将成果转化事宜统一归列技术转移中心处置，能有效激活管理体制活力，形成对政策传导的坚实推力。

7.3.2 评价导向

评价是指通过依据客观标准确定一种价值的判断,其实质是通过引导作用来创造价值。故而评价标准的制定尤为重要,评价结果会影响个体或组织采取有利于评级效能的动机或行为。评价导向问世以来,学者们对其进行了丰富的研究,包含评价理论、评价方法、评价模型、评价体系等。本书借鉴经典评价理论,结合调研访谈结果,将涉及高校政策传导的评价导向因素划分为人才能力评价、项目申报与评审、学科评价机制因素。

人才能力评价因素。它具体包括职称评价考核、横向与纵向同等认定程度、高被引学者或团队、海外人才引进等。科技成果的转化实际上是人的价值转化,应关注人才的作用。传统的科技评价政策,在职称评定、国家人才计划申报时,侧重以纵向项目、科研获奖以及论文发表数量与等级等学术性指标来考核;在高端人才引进标准上,注重海外名校背景、高级别科研论文等考量。这样的评价导向致使科研人员不是以成果转化为目的,而是停留在发论文、跑项目的数量上,结题式"科技成果"难产,大部分专利仅停留在试验验证阶段,与产业化有较长距离。这种评价造成科技成果转化政策推进中出现断层、悬空,严重阻滞了政策的有效传导。

项目申报与评审因素。它具体包括项目申报资格、立项评审程序与方式、企业参与立项与结项评审程度、项目结项评价方式等。项目申报与评审的最终质量直接影响着政策是否真正落地并高效传导执行。项目申报中若将申报人员或科研团队的前期研究成果的技术价值纳入考核体系,将有效引导科研人员注重科技成果的转化,在科研选题、论证、后期技术开发方面会整体考虑,使科研成果更趋实际价值。当然,企业的市场主体性作用充分贯穿于科技项目的全过程会深化产学研协同,科技成果转化的可能性会明显提升。若反之,则会严重背离科技成果转化政策的传导路径,产生政策阻滞。

学科评价机制因素。高等教育面临着"大而不强"的困局,推动高等教育高质量发展就需要注重学科评价机制的导向作用。现阶段提出高校科学研究与创新型人才培养要与社会需求紧密结合,聚焦资源于优势学科上,突出特色发展,关注科研获奖的实际"含金量"。为此,高校学科评价指标体系也进行了适时调整,将科技成果转化指标视为重要的一项考核标准。"双一流"大学建设方案中更明确地将"着力推进科技成果转化"作为专项建设。由此可见,学科评估机制对科技成果转化政策的传导具有推动、深化作用。

7.4 传导执行行为选择阶段

学者对于政策执行的研究可谓汗牛充栋,如前综述。本书顺承前人研究,结合本次调研访谈结果分析,认为科技成果转化政策在高校的传导执行行为包括正常执行、象征性执行、试验性执行、选择性执行、行政性执行。按照公共选择理论,科技成果转化政策在高校传导过程中存在委托—代理关系,即政府委托,高校代理。科技成果转化政策从国家机关到基层高校,大致经过国务院、教育部、省级主管部门(市级主管部门)、高校四级政策执行部门。这其中就存在"政策调控距离"[①]问题,特别是在现有隶属关系层次中,政府与高校间呈现明显的"智猪博弈",国家政策目标与高校的既得利益之间有明显差异,高校多利用信息的不对称,从部门(个体)利益最大化角度出发,有强烈的逆向选择动机与行动[②],继而会利用委托人的信息劣势、监管漏洞,采取变通执行的策略或者采取观望其他兄弟院校的行为。

7.5 本章小结

本章主要尝试对前一章节科技成果转化政策在高校传导的 MPSB 抽象模型进行理论性阐释与发展。基于公共政策学、组织行为学、博弈经济学、公共管理学等多学科知识,结合科技创新领域经典文献与代表性观点,尝试对科技成果转化政策在高校传导的 MPSB 作用机制进行深层次理解,对诸如政策属性、决策偏好等影响政策传导过程的因素进行理论性透视。研究发现,在政策使命传导阶段,政策使命内化在其属性中,通过政策目标设置、政策结构及权威性体现出来。在传导动力供

---

① 政策调控距离,是对公共政策自上而下传递过程的形象表述,一般认为随着官僚层级的逐次增加,公共政策及其附带的公共行政权力对下属部门的影响力会弱化。

② 逆向选择,是信息经济学观点。它是指在合约中,接受合约的一方利用信息比较优势采取规避义务使对方处于不利的行为。

给阶段,决策偏好受制于高校价值选择和个体行为动因的影响。外部支持环境与开放环境氛围、投融资服务、区域城市环境、法律保障等潜在因素有关联。在螺旋推进传导阶段,高校内部管理涉及激励策略与管理机制。评价导向内化为人才能力评价、项目申报与评审、学科评价机制等多因素综合作用表现而来。在传导执行行为选择阶段,科技成果转化政策在高校传导的执行行为包括正常执行、象征性执行、试验性执行、选择性执行、行政性执行,而这些执行行为的选择动机、偏好等也是上述政策传导各阶段博弈演化作用的结果。

第8章

科技成果转化政策在高校的传导实证

前文对科技成果转化政策在高校传导机制的系统构架和传导机理进行了分析,在传导的作用系统中,系统架构中的主客体、载体和环境因素相互作用,形成复杂的包含空间和时间的传导网络,其整体传导效应是各主体、各要素相互协同作用的演化结果。科技成果转化政策在高校的传导可表述为按"政府→各高校→转化产出"路径实施,政府提出科技成果转化的预期目标,并根据目标制定相应的激励政策,各高校根据政策信号落实并调整自身行为,达到推动科技成果转化产出的目的。本章将构建"政府政策→高校行为→科技成果转化绩效"的传导实证模型,通过问卷调查数据进行实证检验,验证传导路径的存在,探寻传导中影响有效性的关键因素,为提升传导有效性的对策建议的提出提供依据。

8.1 研究假设

基于传导实施路径的假设设计本书的理论模型,模型涉及两个部分的路径:一是政府科技成果转化政策传导至高校,解释政府政策对高校行为的影响;二是高校内部的传导,分析高校行为对产出的影响。而本书主要是为了验证科技成果转化在高校的传导路径,检验高校行为在政府科技成果转化政策与科技成果转化绩效中的中介作用是验证传递路径有效性的关键,也是研究假设的核心。

在中国,科技成果转化活动并不是单纯的市场行为,政府的权属管理、利益分配、财税优惠等政策是促进科技成果转化最为有力的工具和手段。高校是科技成果转化的管理者和政策的具体执行者,政府政策需通过高校的具体落实行为,才能真正对科研工作者个体起到激励作用,从而有效促进科技成果转化。孙德升运用修正后的 ISCP 范式对中国高校科技成果转化的制度、结构、行为和绩效进行了分析,提出制度会对行为产生直接影响。作为技术的拥有者和转让方,高校在科技成果转化过程中对科技成果的作为或不作为直接决定着科技成果转化能否实现及其实际成效。当前,大多数高校仍未发布相关落实举措,对于如何设定或者设立相应的机构、设置对应的职能来落实新的法律框架仍然处于探索阶段,影响了政府政策对科技成果转化的促进成效。基于以上分析,本书理论模型图如图 8-1 所示,并提出如下假设:

假设 1:政府政策显著影响高校行为

假设 2:高校行为显著影响科技成果转化绩效

假设3：高校行为在政府政策和绩效之间起中介作用

图 8-1　传导理论模型

8.2　变量选择与测量

按传导的实施路径的主客体，选择以政府政策、高校行为、高校科技成果转化绩效为3个变量，其中政府政策为前因变量，高校行为为中间变量，高校科技成果产出绩效为结果变量。

8.2.1　政府政策变量的测量

考虑到国家出台关于促进科技成果转化的相关政策后，各地方政府也会配套出台相关政策，因此，对政府政策变量的测量在国家和地区两个层次进行，通过对国家政策的评价和地区政策的主观评价实现对政策变量的测量。

8.2.2　高校科技成果转化绩效变量的测量

查阅现有参考文献可以发现，对于科技成果转化绩效的评价大体可以分为三类：第一类是从绝对数量角度设计指标评价科技成果转化过程的绩效，比如唐五湘通过采用文献计量法和比较分析法，对56篇文献从科技成果转化绩效评价指标体系的设计原则、层次设置、底层评价指标的个数、不同被评价对象的评价指标选取、评价指标权重确定方法分别进行对比分析，提炼出高校的科技成果转化绩效评价的主要指标，产出指标：技术转让实际收入、技术转让合同数、高新技术产品销售收入；投入指标：R&D人员数、研究开发经费、科技推广人员数；能力、潜力指标：人均技术开发项目数、科技成果转化基金、科技活动人员中科学家、工程师比重。第二类是计算科技成果转化率，即科技成果总数中成功实现产业化应用的比例，计算时通常以专利申请量或专利授权量作分母，专利的转让和许可数量作分子，这是一种相对效率的评价思路，在大众媒体中经常使用。第三类也是一种相对效率评价思路，只是选择多个投入和产出指标，并且借助SFA或DEA方法评价绩效。比如何彬等选取研发支出、国外发表学术论文数等七个指标衡量大学科技成果转化过程的投入，专利授权数和专利出售数为科技成果转化过程的产出，采用 DEA 方法对 24 所高校的科技成果转化率进行评价。

本书参考以上研究文献，结合第一类和第二类方法设计指标来评价科技成果转化绩效，选择以专利申请数量、发明专利授权数量、转化的科技成果在成果总数中的占比、科技成果市场转化收入、技术转让合同数作为高校科技成果转化绩效的测量项。

8.2.3 高校行为变量的测量

政府制定的科技成果转化政策在高校的传导受多种因素的影响，这些因素推动或阻碍政策的有效传导，从而影响科技成果转化政策的实施效果。毛劲歌等提出政策执行主客体认知差异是导致政策信息失真的主要原因，而认知差异会对行为产生影响。张慧颖等基于创新扩散视角，采用模糊认知方法，得出成果相对优势、传播渠道、时间和政策支持是影响科技成果转化的 4 个因素。叶建木等以湖北省"科技十条"政策为例，在分析其政策效果的基础上，结合相关文献，提取影响科技成果转化政策效果的 7 个因素，分析提出政策执行审批程序复杂、效率低是现阶段影响科技成果转化政策效果的最直接因素，而地方政策与中央政策不协调、政策法律地位不强则是影响科技成果转化政策效果的最根本因素。罗建等认为科技成果转化新政颁布并未从根本上改善高校科技成果转化现状，通过分析核心利益相关者认知偏差，得出政策失灵的直接原因是政策不协同导致政策难以具体落实，间接原因是成果与市场对接不力、中试环节缺乏、激励失调。

本书参考以上研究文献的成果，将政策宣传、对政策落实的指导、本单位配套政策的制定作为高校行为的测量项。

8.3 问卷发放与数据收集

8.3.1 问卷的发放与回收

根据上文测量变量的项目选择，我们初步设计了包含 3 个变量、10 个题项在内的调查问卷，问卷按李克特五点量表设计，要求受访者为相应题项的不同分值选项打分，5 分为最好，1 分为最差。在南京的高校中进行了小样本预调查，发放、回收了 60 份调查问卷，对问卷数据进行分析，以发现初始问卷可能存在的问题。根据发现的问题,优化了相关题项的问法,进而形成本调研的正式问卷。

考虑高校科技成果转化最终落实到具体科研工作者,调查选择从事科研工作的一线研究人员和从事科技成果转化工作的相关行政人员填写问卷。以线上方式发放调查问卷,线上问卷通过问卷星设计后,定向发送链接给高校相关人员填写,共收到问卷 540 份,因在问卷星上设定了填写要求,所有回收问卷都符合统计分析要求。

8.3.2 数据描述性统计

(1) 政策变量

数据统计显示受访者对现有的国家促进科技成果转化的法律法规、政策规章的评价的平均打分为 3.542 分,对本地区的政策的评价的平均打分为 3.461 分,对地区的政策的评价略低于对国家政策的评价,政策从国家到地方的传导中,效应也存在一定的衰减(见图 8-2、8-3)。

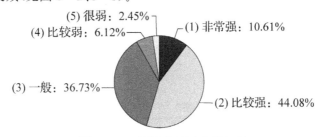

图 8-2 对国家层面政策的评价

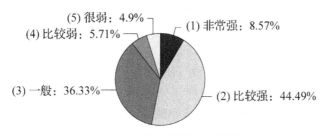

图 8-3 对地区层面政策的评价

(2) 高校科技成果转化绩效

数据统计显示高校科技成果转化绩效平均得分为 3.378 分,各题项得分值如表 8-1 所示,各题项中,"专利申请数量"得分最高,而"科技成果市场转化收入"得分最低。

表 8-1　高校科技成果转化绩效分项得分表

编号	题项	最低分	最高分	平均分
JX1	专利申请数量	1	5	3.710
JX2	发明专利授权数量	1	5	3.682
JX3	转化的科技成果在成果总数中的占比	1	5	3.147
JX4	科技成果市场转化收入	1	5	3.135
JX5	技术转让合同数	1	5	3.216

（3）高校行为变量

高校行为变量总的平均分为 3.54 分,具体分项的得分如表 8-2 所示,"政策宣传"得分最高,为 3.710 分,但也只介于"一般"和"较好"之间,"配套政策的具体性、激励性"得分最低,说明政策在高校落地的具体操作和激励作用上还存在不足。

表 8-2　高校行为分项得分表

编号	题项	最低分	最高分	平均分
XW1	政策宣传	1	5	3.710
XW2	对政策落实的指导	1	5	3.510
XW3	配套政策的具体性、激励性	1	5	3.400

8.3.3　问卷的信度效度检验

（1）信度检验

信度检验是为了检查测试结果的一致性和稳定性,也就是检验对于相同的或相似的现象进行不同的形式或不同时间的测量时,所得结果一致的程度。本书使用 Cronbach's a 系数检验问卷的信度,同时使用修正后项总相关系数来筛选测量项目,如果同时满足以下两个标准,则删除该项目:① 修正后项总相关系数小于 0.5;② 删除此项目可以增加 a 值。计算结果显示问卷项目各部分信度 a 值皆在 0.7 以上,各题项修正后项总相关系数均大于 0.5,因此问卷信度良好,不需要删除任何题项。

第8章 科技成果转化政策在高校的传导实证

表8-3 问卷题项信度检验

测量变量	题项编号	Cronbach's a 值	修正后项总相关系数	已删除的 Cronbach's a 值
政府政策	ZC1	0.856	0.749	0.000
	ZC2		0.749	0.000
科技成果转化绩效	JX1	0.908	0.731	0.895
	JX2		0.738	0.893
	JX3		0.797	0.882
	JX4		0.793	0.882
	JX5		0.783	0.884
企业绩效	XW1	0.845	0.635	0.865
	XW2		0.747	0.749
	XW3		0.764	0.739

（2）效度检验

效度检验是对测量工具正确有效性的检验,也就是检验测量工具是否能正确地测量出所要测量的特质的程度。本书采用探索性因子分析方法,对问卷进行结构效度检验,检验问卷是否能对变量进行有效的测量。首先对各变量的测量题项进行KMO检验和Bartlett球体检验,检验数据是否适合做因子分析;其次采取主成分法提取因子,用正交变换进行旋转转换,提取出特征值大于1的因子作为公因子。公因子的累计方差贡献率应大于60%,并且要求因子所包含测量题项的载荷系数大于0.5,且每个题项只能在其所属的因子中出现一个大于0.5的因子载荷值。

政府政策变量的测量题项仅有2个,不对其进行因子分析。对高校科技成果转化绩效进行KMO检验和Bartlett球体检验,KMO值为0.793,Bartlett球体检验相伴概率为0,适合做因子分析。对绩效的5个测量题项进行因子分析(表8-4),得到1个公因子,1个因子累计解释73.144%的方差,符合相关要求。对高校行为题项进行KMO检验和Bartlett球体检验,KMO值为0.702,Bartlett球体检验相伴概率为0,适合做因子分析。对绩效的5个测量题项进行因子分析(表8-4),得到1个公因子,1个因子累计解释76.908%的方差,符合相关要求。

表8-4 探索性因子分析结果

题项编号	成分 1	题项编号	成分 1
JX1	0.829	XW1	0.824
JX2	0.835	XW2	0.899
JX3	0.876	XW3	0.906
JX4	0.870	XW1	0.824
JX5	0.865	XW2	0.899

8.4 结构方程模型构建与分析

8.4.1 结构方程模型构建

本书采用结构方程模型(SEM)来进行实证检验,结构方程能同时处理潜变量及其指标,且可同时估计因子结构和因子关系,可以替代多重回归、通径分析、因子分析、协方差分析等方法,清晰分析单项指标对总体的作用和单项指标间的相互关系。

用于测量模型的回归方程可以用如下矩阵方程式表示:

$$X = A_x \xi + \delta, Y = A_y \eta + \varepsilon$$

式中,X 是外源观察变量组成的向量;Y 是内生观察变量组成的向量;ξ 是外源潜变量组成的向量;η 是内生潜变量组成的向量;A_x 是外源观察变量与外源潜变量之间的关系,是外源观察变量在外源潜变量上的因子负荷矩阵;A_y 是内生观察变量与内生潜变量之间的关系,是内生观察变量在内生潜变量上的因子负荷矩阵;δ 和 ε 分别表示测量方程的测量误差。

8.4.2 传导路径的检验

(1) 中介作用验证

首先验证高校行为在政府政策推动科技成果转化绩效中起到了中介作用。中介作用的验证方法按 Baron & Kenny 所提出的判定中介作用的四个条件进行:第一,计算政府政策对科技成果转化绩效的影响。第二,计算高校行为对科技成果转化政策的影响。第三,计算政府政策对高校行为的影响。以上三步计算结果显示所有路径系数均显著。第四,科技成果转化绩效同时对政府政策和高校行为回归,且高校行为的回归系数达到显著性水平,政府政策影响科技成果转化绩效的标准化路径系数明显下降为不显著(图 8-4),说明高校行为在政府政策和科技成果转化绩效中起到了完全中介作用,假设 3 得到验证。

(2) 政府政策影响高校科技成果绩效的传导检验

在确认高校行为在传导中的中介作用后,本书对政府政策总体上对科技成果转化绩效的传导路径和影响程度进行模型拟合和假设检验。模型关系和运算后得到的结果如图 8-5、表 8-5 所示。

第 8 章 科技成果转化政策在高校的传导实证

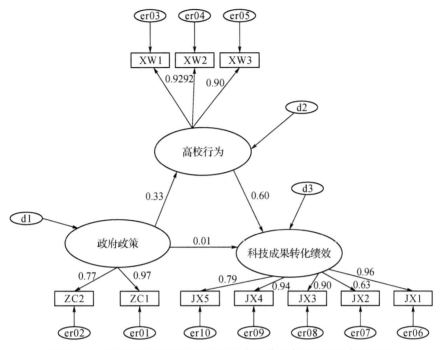

图 8-4 科技成果转化绩效同时对政府政策和高校行为回归结果图

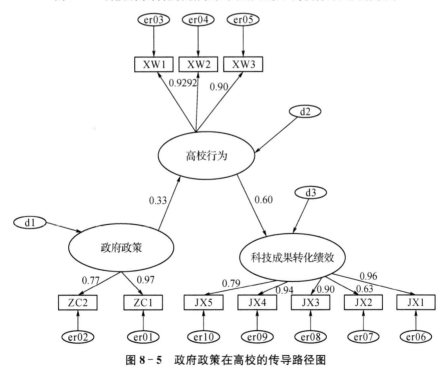

图 8-5 政府政策在高校的传导路径图

表 8-5　政府政策影响高校科技成果绩效的传导路径假设检验结果

路径假设		标准化因子负荷	标注误差(SE)	临界比(CR)	概率 p	是否支持假设
假设1	高校行为←政府政策	0.333	0.091	3.863	***	是
假设2	科技成果转化绩效←高校行为	0.602	0.084	8.449	***	是

8.4.3　结果分析

通过结构方程数据处理结果可以发现,研究中提出的3个假设完全成立,本书提出的传导路径模型得到了验证,高校行为完全中介作用的存在,证明了政府政策只有通过高校行为,将政策真正落到实处,才能起到促进科技成果转化的作用。如果高校行为缺失或存在不足,那么将影响政策在高校的传导,从而出现政策失灵。要提升政府政策在高校的传导有效性,必须将高校和政府对政策的认知协调一致,强化高校在科技成果转化环节中的主动行为,通过加强对科研一线教师的政策宣传、指导科技成果转化中政策的落实、结合本单位科研者的实际需求制定有效的、可操作的激励政策,将政府政策的积极作用有效传导至本单位科技成果转化实际中。

8.5　本章小结

本章构建了"政府政策→高校行为→科技成果转化绩效"的传导实证模型,基于540份问卷调查的数据对提出的假设进行了实证检验,结论验证了本书提出的传导路径模型,高校行为在政府政策和科技成果转化绩效之间起到了完全中介作用,证明了政府政策只有通过高校行为,将政策真正落到实处,才能起到促进科技成果转化的作用。通过实证检验,验证传导路径的存在及有效性,为提升传导有效性的对策建议的提出提供依据。

第9章

科技成果转化政策在
A高校传导的案例研究

9.1 A 高校科技成果转化的基本情况

选取 A 高校作为政策仿真实证分析的重点对象,原因有以下几点:第一,A 高校是首批入选国家"高等学校创新能力提升计划"的 14 所高校之一,是国家首批深化创新创业教育改革示范高校、全国高校实践育人创新创业基地、教育部首批卓越工程师培养计划试点高校和专业学位研究生教育综合改革试点高校;第二,A 高校积极落实国家各类科技成果转移转化政策,并根据自身特点制定了高校促进科技成果转移转化规章制度、高校哲学社会科学科研激励办法、高校哲学社会科学创新团队、研究基地、青年基金等管理办法;第三,A 高校科技园为国家级大学科技园,技术转移中心为国家技术转移示范机构,"十二五"以来,承担了包括国家重点研发计划项目、国家"973"计划项目、"863"计划项目、国家科技支撑计划项目、国家自然科学基金项目在内的各级各类课题 9 200 余项,科技经费 31.5 亿元,取得了一批高水平研究成果,为相关行业、地方经济建设和社会发展做出了积极贡献。(如图 9-1 所示为 2010—2017 年 A 高校科技成果数量和转化实际收入变化趋势)。

图 9-1 2010—2017 年 A 高校科技成果数量和转化实际收入变化趋势

第9章　科技成果转化政策在 A 高校传导的案例研究

9.2　科技成果转化政策在 A 高校的传导路径

高校科技成果转化是一个复杂的系统,不是由单一因素决定的,涉及高校、企业、政府、中介、市场等。因此,借助系统分析方法分析政策变动对高校科技成果转化的影响因素,探索有效促进高校科技成果转化的方法和措施,有助于全面认识高校科技成果转移转化工作、完善高校科技成果转化的理论体系。系统动力学建模的依据是现实中的复杂系统,通过对现实系统的研究和分析,界定系统边界,建立相关的动力学流图,运用计算机进行模拟和仿真,得出现实系统的发展和变化趋势。

9.2.1　界定系统边界

企业作为高校科技成果转化的最终接收方和应用方,高校作为科技成果的创新源头,必然是系统的主体部分,政府作为政策制定者和环境保障者也起到至关重要的作用。因此,高校科技成果转化系统的结构应该是以提升高校科技成果转化水平为目标,企业为应用方,高校为创新源头,政府保障环境,各个主体协同合作,形成政府、高校和企业的"三重螺旋",完成整个系统的闭合回路。综上所述,可以将高校科技成果转化系统划分为3个子系统,分别是高校子系统、企业子系统和政府子系统。

（1）高校子系统

高校科技经费和科研人员投入的增加,能够带来高校科技成果数量的增加和本身性能的提高,即高校科技经费与科研人员积累效应对科研产出具有正向促进作用;客观公正的科技评价体系对于激发科技人员积极性、提升科技创新能力和效益至关重要。习近平总书记曾强调要改革科技评价制度,建立以科技创新质量、贡献、绩效为导向的分类评价体系。对科研人员的科技评价制度和权益归属的明晰化,有利于改革绩效评价体系和保障科研人员利益分配的合理性,是对高校科研人员智慧创造和辛勤努力的肯定,有助于提高高校研发人员的科研积极性和科技成果转化的积极性,从而促进高校科技成果转化率的提高。采用高校科技成果转化收入作为衡量高校科技成果转化的成效的指标,高校科技成果转化收入又通过高校经费和人力的投入、制度创新等要素进行新一轮因果关系的循环。

(2) 企业子系统

新修订的科技成果转化法规定,科技成果转化活动应当尊重市场规律,发挥企业的主体作用,在制定相关科技规划、计划和编制项目指南时应当听取相关行业、企业的意见。在市场经济条件下,企业离市场最近,了解市场需求,能使创新成果及时、准确地满足市场需求。企事业单位科技经费拨入、地区经济增长对高校技术转移产生正向作用,企业资金投入增加使高校科技经费增多,高校科技经费投入增加提高了高校科研水平,科技成果的技术水平获得了提升,从而增加了企业货币收益。企业货币收益的提升带来三方面的作用:一是税负增加,以企业税收为主要收入来源的政府财政收入增加,政府对高校科技经费的投入增加;二是国内生产总值获得提升,市场需求加大,市场对企业技术水平的需求提高,校企合作意愿增强;三是企业抗风险能力增强,引起企业对创新技术投入的重视,校企合作意愿增强。

(3) 政府子系统

政府应通过经费资助和政策优惠的方式,完善高校产学研协同评价体系,引导高校积极与企业对接,将人才、技术、实训基地和资金等要素向产学研聚集。政府支持科学研究有利于形成科技创新驱动,在长期内对提高全要素生产率起到促进作用。政府科技经费投入增加提高了高校科研水平,从而促使高校科技成果数量的增加和性能的提升。李克强总理曾提出要鼓励研发机构、高校和企业等创新主体及科技人员转移转化科技成果,打通科技与经济结合的通道,推进经济提质增效升级。所以政府相关法律的完善能够为高校科技成果转化提供环境保障,提升高校成果转化率;高校科技成果数量和性能的提高,以及转化效率的提升,促使高校和企业的货币收益明显增多,企业货币收益的增加促进政府财政收入的提高,高校货币收益的增加提高了政府对高校科技成果转化的重视程度,从而使政府政策变量得到优化。

9.2.2 构建系统动力学流图

系统动力学流图是对因果关系局限性进行改进的系统动力学基础工具之一,通过对已构建的因果关系图中变量的分析,考虑各个变量的本质和能否赋值量化,将因果回路图中的变量进行转化,以便准确地呈现系统内部机理和运行规律。系统动力学流图所表达出的信息比文字描述和因果关系图要更加清晰、更加全面。

首先根据上文高校、企业和政府子系统的因果循环关系,通过 Vensim 软件绘制出高校科技成果转化系统因果关系图(图 9-2)。

第9章 科技成果转化政策在 A 高校传导的案例研究

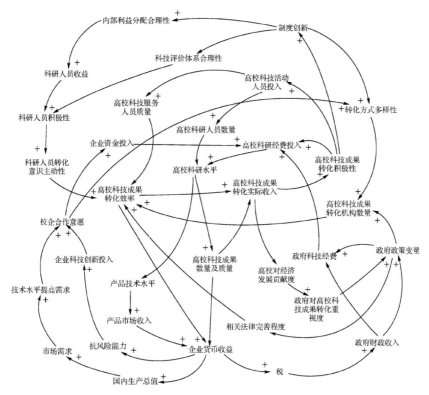

图 9-2 高校科技成果转化系统因果关系图

其次,可以发现高校科技成果转化系统因果关系图由以下 4 个主要回路构成:

回路一:企业投入资金→高校科技经费→高校科研水平→产品技术水平→产品市场收入→企业货币收益→企业抗风险能力→企业技术创新投入→校企合作意愿→企业投入资金。

回路二:政府政策变量→高校科技成果转化机构数量→高校科技成果转化率→企业货币收益→税负→政府财政收入→政府政策变量。

回路三:制度创新→内部利益分配合理性→科研人员收益→科研人员积极性→科研人员转化意识主动性→高校科技成果转化率→高校科技成果转化实际收入→高校科技成果转化积极性→制度创新。

回路四:高校科技活动人员投入/高校科技活动经费投入→高校科研水平→高校科技成果转化数量及质量→高校科技成果转化实际收入→高校科技成果转化积极性→高校科技活动人员投入/高校科技活动经费投入。

最后,基于系统因果关系图和回路分析,考虑到数据的可得性,选择部分变量并构建系统流图。

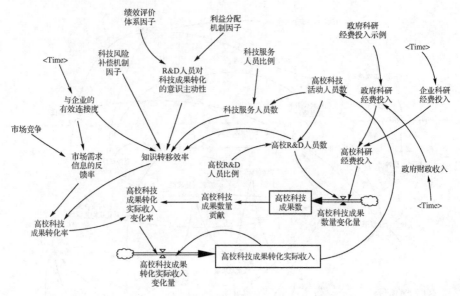

图 9-3 高校科技成果转化系统动力学流图

9.3 科技成果转化政策在 A 高校的传导有效性及影响因素分析

9.3.1 数据处理与变量赋值

依据 A 高校 2010—2017 年历史数据,仿真模型以 2010 年高校科技成果转化相关数据作为基期数据,确定高校科技成果转化系统模型中状态变量的初始值,对模型各参数与函数关系式进行赋值计算,时间跨度设置为 TIME STEP=1,仿真时间设置为 2010—2025 年(表 9-1)。

表 9-1 模型参数赋值计算

参数变量	函数关系式赋值
政府科研经费投入	政府财政收入×政府科研经费投入比例 0.02(千元)
高校 R&D 人员数	高校科技活动人员数×0.42 高校 R&D 人员比例(人)

续表

参数变量	函数关系式赋值
科技服务人员数	高校科技活动人员数×0.08 科技服务人员比例(人)
科技评价体系因子	0.68(Dmnl)
利益分配机制因子	0.70(Dmnl)
科技风险补偿机制因子	0.63(Dmnl)
市场竞争	RANDOM UNIFORM(0,0.10,0.001)+RAMP(0.005,2010,2025)(Dmnl)
高校科技活动人员数	高校科技成果转化实际收入×0.01+1 101.30(人)
高校科技成果数量变化量	182.678×LN(高校 R&D 人员数)+161.033×LN(高校科研经费投入)−3 176.46(项)
高校科技成果贡献率	(高校科技成果数量−802)/15 570(Dmnl)
高校科技成果转化率	市场需求信息的反馈效率×0.50+知识转移效率×0.50(Dmnl)
市场需求信息的反馈效率	市场竞争+与企业的有效连接度×0.10(Dmnl)
高校科技成果转化实际收入变化率	高校科技成果转化率×高校科技成果贡献率-0.25(Dmnl)
R&D 人员对科技成果转化的意识主动性	绩效评价体系因子×利益分配机制因子(Dmnl)
高校科技成果转化实际收入变化量	高校科技成果转化实际收入×高校科技成果转化实际收入变化率(千元)
知识转移效率	高校 R&D 人员数×R&D 人员对科技成果转化的意识主动性/1e+006×0.40+科技服务人员数/10 000×0.40+科技风险补偿机制因子/10×0.10+与企业的有效连接度×0.10(Dmnl)

9.3.2 政策仿真分析

(1) 政府科研经费投入变动效应

假定政府科研经费投入比例增加 10%,高校科技成果数量、高校科技成果转化收入的变动效应分别如图 9-4、图 9-5 所示。

由图 9-4 及数据分析可知,政府科研经费投入比例增加对高校科技成果数量产生正向效应,当政府科研经费投入比例增加 10%时,2010 年高校科技成果数量比模拟得出的高校科技成果数量多 0 项,2025 年高校科技成果数量比模拟得出的高校科技成果数量多 16%。政府科研经费投入的增加对高校科技成果数量增长的影响趋势较为显著。

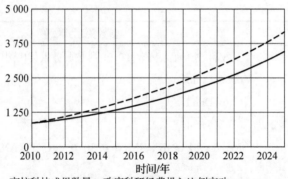

图 9-4　高校科技成果数量对政府科研经费投入比例变动的效应图

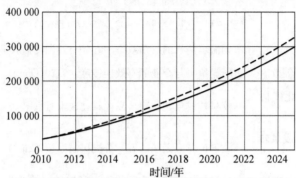

图 9-5　高校科技成果转化收入对政府科研经费投入比例变动的效应图

由图 9-5 及数据分析可知,政府科研经费投入比例增加对高校科技成果转化收入产生正向效应,当政府科研经费投入比例增加 10% 时,2010 年高校科技成果转化收入比模拟得出的高校科技成果转化收入多 0 千元,2025 年高校科技成果转化收入比模拟得出的高校科技成果转化收入多 9%。相较于对科技成果数量增长的作用效果,政府科研经费投入比例增加对高校科技成果转化收入的促进作用较小。政府对高校科技成果转化的经费支持大多用于科技成果实验室的研发阶段,对其转化阶段支持力度不够。

(2) 高校 R&D 人员变动效应

假定高校 R&D 人员比例增加 10%,高校科技成果数量、高校科技成果转化收入的变动效应分别如图 9-6、图 9-7 所示。

第9章 科技成果转化政策在 A 高校传导的案例研究

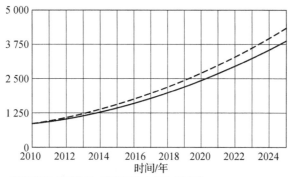

图 9-6 高校科技成果数量对高校研发人员比例变动的效应图

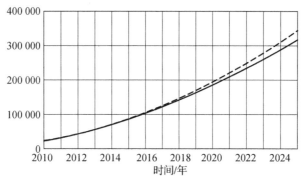

图 9-7 高校科技成果转化实际收入对高校研发人员比例变动的效应图

由图 9-6 及数据分析可知,高校研发人员比例增加对高校科技成果数量产生正向效应,当高校研发人员比例增加 10% 时,2010 年高校科技成果数量比模拟得出的高校科技成果数量多 0 项,2025 年高校科技成果数量比模拟得出的高校科技成果数量多 11%。高校研发人员比例增加对高校科技成果数量增长的影响趋势较为显著。

由图 9-7 及数据分析可知,高校研发人员比例增加对科技成果转化收入同样产生正向效应,当高校研发人员比例增加 10% 时,2010 年高校科技成果转化收入比模拟得出的高校科技成果转化收入多 0 千元,2025 年高校科技成果转化收入比模拟得出的高校科技成果转化收入多 6%。相较于对科技成果数量增长的作用效果,高校研发人员比例增加对高校科技成果转化收入的促进作用较小。

(3) 利益分配机制与科技评价体系变动效应

假定利益分配机制因子提高 10%,高校科技成果转化收入的变动效应如图 9-8 所示;假定科技评价体系因子提高 10%,高校科技成果转化收入的变动效应如

图 9-9 所示。

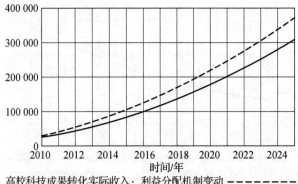

图 9-8　高校科技成果转化收入对利益分配机制变动的效应图

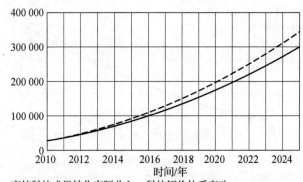

图 9-9　高校科技成果转化收入对科技评价体系变动的效应图

由图 9-8 及数据分析可知,利益分配机制对高校科技成果转化收入产生正向效应,当利益分配机制因子提高 10% 时,2010 年高校科技成果转化收入比模拟得出的高校科技成果转化收入多 0 千元,2025 年高校科技成果转化收入比模拟得出的高校科技成果转化收入多 27%。利益分配机制对高校科技成果转化收入的作用效果显著。

由图 9-9 及数据分析可知,科技评价体系对高校科技成果转化收入产生正向效应,当科技评价体系因子提高 10% 时,2025 年高校科技成果转化收入比模拟得出的高校科技成果转化收入多 14%。科技评价体系对高校科技成果转化收入的作用效果较为显著。

(4) 科技风险补偿机制与科技服务人员变动效应

假定科技风险补偿机制因子提高 10%,高校科技成果转化收入的变动效应如

图9-10所示;假定科技服务人员比例增加10%,高校科技成果转化收入的变动效应如图9-11所示。

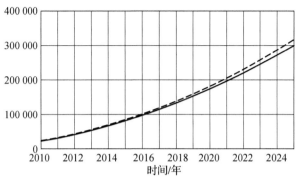

图9-10 高校科技成果转化收入对科技风险补偿机制变动的效应图

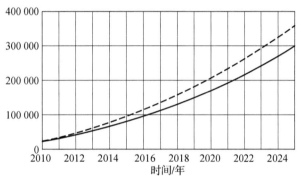

图9-11 高校科技成果转化收入对科技服务人员变动的效应图

由图9-10及数据分析可知,科技风险补偿机制对高校科技成果转化收入产生正向效应,当科技风险补偿机制因子提高10%时,2025年高校科技成果转化收入比模拟得出的高校科技成果转化收入多7%。虽然科技风险补偿机制对高校科技成果转化具有一定的正向调节效应,但就整个高校科技成果转化系统而言,科技风险补偿机制对高校科技成果转化的影响效果甚微,说明科技风险补偿机制对高校科技成果转化行为的支持不足,尚未发挥较大的作用。

由图9-11及数据分析可知,科技服务人员对高校科技成果转化收入产生正向效应,当科技服务人员比例增加10%时,2025年高校科技成果转化收入比模拟得出的高校科技成果转化收入多23%。科技服务人员对高校科技成果转化收入的提高起着明显的促进作用。针对科技成果转化涉及面广、转化过程复杂、定价机制烦琐等难题,高校急需"第三种人",即:既拥有专业背景,又能熟悉财务、法律、人事等相关知识,同时还要有敏锐的商业头脑和市场洞察力的人。

9.4 本章小结

基于系统动力学建模思想构建了高校科技成果转化系统因果关系图,以此为基础得到以系统变量和动力学方程为系统运行支撑的高校科技成果转化系统动力学流图,结合 A 高校相关数据和实践,分别从提高政府科研经费投入、增加高校 R&D 人员投入、提高利益分配机制因子、提高科技评价体系因子、提高科技风险补偿机制因子和增加科技服务人员数进行仿真研究。由仿真结果可以得出,政府科技经费投入与高校 R&D 人员数对高校科技成果数量促进作用显著,但对高校科技成果转化收入的作用效果不够显著。人力和资金支持使科技成果供给充足,但是有效供给不足。利益分配机制、科技评价机制和科技服务人员是对高校科技成果转化收入影响程度较大的政策因子,而科技风险补偿机制对高校科技成果转化收入影响程度较小。因此,应更加重视和完善高校科研人员利益分配、科技评价和科技服务人员队伍方面的政策,提升高校科技成果转化成效。

第10章

提升科技成果转化政策传导有效性的对策建议

现阶段,全社会对科技创新驱动发展的关注度和重视度前所未有。眺望国际,新一轮科技革命和产业变革正处于孕育期,全球主要经济体纷纷将科技创新作为产业升级和大国崛起的利刃。这种重大的发展范式变革,更加强调科学、技术和产业三者的一体化,要求产业技术、产业布局和产业组织等再转型和再调整。俯望国内,科技创新与成果转化通过引领产业技术范式转变,驱动一国发展方式、动力供给的周期迭代。研究如何依靠科技供给侧结构性改革构建现代产业体系,是学术界回应实践迫切需求的时代议题。我们可以发现,无论是国际发展大势还是国内转型需求,毫无疑问的是,开放式创新是未来科技创新的主流,科技成果转化是牵动整个科技创新链条的"牛鼻子"。

诚然,国家及地方各层面对科技成果转化政策供给的密度、强度与含金量在持续提升,但是从基层政策作用对象的视角来窥探时,发现科技成果转化政策在高校传导的"肠梗阻"问题依然存在,科技成果转化存在诸多薄弱点,且呈现散状分布于科技创新的全链条。影响政策在高校传导的因素纷乱复杂、缠枝交错,政策传导机制亟待疏通。推进科技成果转化是一项系统性、全局性工程,打破政策传导的"肠梗阻"魔咒,需要多要素集聚,政策间的协作机制、创新供给侧活力、创新需求侧动力、技术平台服务能力等均需要纳入科技成果转化政策生态环境之内。系统持续构筑科技成果转化生态,特别是高校、政府与社会的深度融通协作尤为重要。自然,提高科技成果转化政策效能需要沿着消除科技成果转化政策堵点、难点与弱点的思路,聚焦于政策目标环境的整体改善,抓住高校、政府、社会等各层面子系统协同共治的行动路径。

10.1 高校层面

高校是科技成果转化政策实施的主体和创新成果的策源地,是科技成果转化的"前哨"和"生力军",应当自觉接好政策的接力棒。本书通过研究分析,认为高校可以从如下几个方面强化传导实施。

10.1.1 强化高校价值使命

教育、科研和服务社会是大学办学的使命和宗旨,三者同等重要,不可偏废。在实践中,高校应依据新时代科技创新战略目标,主动面向世界科技前沿、面向经济主战场和国家重大发展需求,全面认识科技改革的新形势,主动对接社会转型发展提出的对高质量科技创新成果支撑的新要求。积极调整办学方向,丰富大学章程内涵。明确高校发展的根本意义在于将科学研究与创新型人才培养聚焦于经济社会发展需求上,在科技成果转化过程中不断提高人才培养质量和提升优势学科能力,实现三者的动态平衡。

10.1.2 加强政策宣传广度力度

在调研访谈中,基层科研人员甚至校中层干部对科技成果转化政策不甚了解。在实践中,高校可组织专门人员对中央和地方层面科技成果转化政策进行系统研读,成立政策宣传小组,提高对政策实施重要性和紧迫性的认识。各部门针对本单位具体情况,开展针对性学习培训,并按现行科技成果转化政策提出的新目标、新任务,及时调整配套细则。特别是针对一线科研人员,要做到宣传的全覆盖,真正领会政策精神,积极鼓励科研人员开展科技成果转化。大力宣传、支持毕业生利用科研成果自主创业,高校提供配套后期"保姆式"服务。

10.1.3 推动组织内部改革

在实践中,完善科研绩效评价制度,各类别科学研究同等视之。完善科技转移人才的职称评定与绩效奖励机制,畅通人才发展培育通道。转变传统的唯论文论、项目论的评价机制,探索推行代表作成果制度。建立不同系列、专业和层级的职称评审代表作类型,形成符合各类人才发展规律的评价机制,促进科研人员"名利双收"。完善科研活动组织方式,将特色学科建设转向服务经济社会发展需求上,强化产学研协同创新,承担重大科研计划项目。以市场化方式引进专业技术转化人才或开设相关科技成果转化课程,自行培育职业经理人队伍。以机制灵活、市场性强、专业服务能力突出为导向,进一步优化大学科技园、众创空间等创新孵化载体的组织方式与职能配置。完善校友资源服务体系,发挥校友群体在科技创新、人才引进、市场拓展、资金支持等方面服务科技成果转化的作用。

10.1.4 强化创新型人才培养

人才是第一资源,驱动科技成果转化离不开创新型人才。科技人员的创新素质、先进技术能力,直接决定着科技强国战略实施的效果。在高水平大学建设的进程中,各类高校均需要充分释放科技创新的第一动力,发挥人才的主体性作用。一方面,人才培养基础在于教育。面向重点产业领域,完善科技、产业与教育协同融合的体制机制,科学设置专业学科和职业教育体系,增加急需的专业技术人才和能工巧匠供给。注重高校院所科技成果转移转化过程中对创新型人才的协同孵化功能,在创新实践中锤炼人才。另一方面,突出"高精尖缺"的靶向引才。瞄准科技前沿和国际水准,立足全球视野,聚焦战略科技领军人才,实行更加积极、全面、开放的人才政策,形成识才、爱才、用才、聚才的人才生态环境。当然,更为重要的是,利用高校优良的创新文化涵养人才。厚植尊崇高校师生创新意愿的文化土壤,人人自觉践行锐意进取、追求卓越的价值理念,积极弘扬工匠精神、企业家精神、创新精神,并将其渗透进课堂教学中。

10.2 政府层面

政府作为政策制定者和推动经济社会发展的主要治理主体,在推动科技成果转化政策发挥实效、完善国家科技创新体系过程中,应当充分发挥引导和支撑作用。本书通过研究分析,认为政府可以从如下几个方面畅通政策传导。

10.2.1 完善政策协调机制

科技成果转化政策是一项全局性工程,这对政策的系统性、连续性、协调性提出了更高要求。在实践中,加强科技成果转化政策与其他各级各类科技创新相关政策的协调是首要任务,真正形成体现科技创新规律和人才成长规律的制度安排。加快科技成果无形资产管理制度建设。现有法律尽管下放了无形资产权限并对处置、收益进行调整,但是政策对科技成果以入股形式转化面临的国有资产后续评估、考核管理等环节口径不统一。此外,加快建设以无形资产特性分类的国有资产管理政策调整。进一步加强科技成果转化政策涉及的科技、资产、财政、知识产权、司法、税务等部门间的协调,成立统一归纳各部门政策的专门机构,统筹负责协调各部门政策规定。注重放宽地方政府政策的适用性,激发部委属高校促进科技成果转化的动力。加快出台全国统一的社会保障体系政策,畅通科研人员自由流动的支撑体系。

10.2.2 完善风险防控机制

科技成果顺利转化需要跨越"死亡之谷"和"模糊地带",存在着科技创新风险、成果转化风险、成本共担风险及创新失败风险。在实践中,建立健全各类科技成果转化成熟度评价规范是首要任务,强化对成果持有方的技术可行性和技术受体的软硬件接受条件的双向论证,形成对科技成果风险的有效识别、评估、预警和规避。同时,政府科研管理机构探索试点"容错纠错"机制。将"敢于冒险、准许失败"的创新精神贯穿于项目立项前评审、初始投资、项目执行的各个阶段,对那些失败的项目持鼓励态度,且不影响其荣誉奖励评价。对颠覆性技术创新项目净价值进行再挖掘,并制定接力创新策略。

10.2.3　完善创新激励机制

在实践中,推动高校科技成果转化服务示范"样板房"建设工程。中央或地方政府通过采取事前立项与建设期满后补助相结合的方式扶持部分高校,重点在对标国际知名技术转移机构、建立职务科技成果披露制度、完善技术转移服务人员职称评定与收入分析制度等方面,建立成熟的组织化、市场化和专业化技术转移服务示范机构。鼓励对科研人员科技成果转化所得100%奖励,设立科技创新专项资金,对高校的利益实行专项补助。探索基金支持的新形式,以项目及时响应市场需求为准则,优化项目申报到审批、资金拨付的周期,实施积极的事中及事后监管。引导、支持企业将研发机构设在高校,资助高校面向社会需求组织开放式研究。

10.2.4　完善绩效评估机制

在实践中,以深化项目评审、人才评价和机构评估的"三评"改革为重点,深刻认识到政策传导的实质是人才创新能力的传导松绑,而有效释放人才驱动能力的关键在于优化人才评价机制。建议围绕"科研人员优择仕、奖励政策效应递减"的突出问题,引导高校建立科学合理的人才评价标准,破除学术界"门阀"观念,打破科研"小圈子"现象,消除担任行政职务的优秀领军人才"不愿创、不敢创、不能创"的潜在魔咒。再者,对所属高校按层次、性质分类,建立将科研和人才培养与服务地方经济需求相结合的新时代高等教育质量评估体系,重点支持科技成果转化绩效良好的高校。同时,建立海量的项目成果绩效数据库,作为研究团队或个人申报项目及评奖的重要参考。

10.2.5　推进科技与金融的深度融合

科技创新涉及经济、社会、文化等方方面面,如果没有金融有效支持,科学研究基础设施、科研成果孵化、科技服务业发展、科技型企业成长等工作就不可能有序推进,就会导致创新驱动发展的引擎失能、事倍功半。深圳等科技创新活跃地区的生动实践已证明科技成果转化活动离不开良好的科技金融服务业。通过发挥投资对优化科技金融供给结构的关键性作用,依托资本市场在技术研发方向、要素价格、创新资源配置等方面的导向作用,释放多层次资本市场活力,形成覆盖产业科技创新全生命周期的金融生态体系,增强企业直接融资能力;发展金融科技,借助现代技术促进金融创新。注重互联网技术极大改善金融服务供给的效率和精准性以及加速科技金融深度融合的优势。当然,提高金融服务科技的意愿和能力,并不是一蹴而就的,要重点完善防范和分散创新风险的体制机制,更需要多元化融资,撬动社会资本。通过第三方金融机构、地方政府和企业等多方联合共建股权融资服务平台的方式,分散风险,建立起投资风险、盈利水平和承担能力相匹配的融资风险管控机制,推进金融与科技的自然融合。例如,可以联动聚集社会资本、联合已设立的各类基金,形成国资发展投资基金群。运用国家和地方科技成果转化引导基金,发挥社会资本对技术转移项目和中小微企业的支持。引入金融资本,建立"政策＋创新＋产业基金＋VC\PE\风投"的新机制,对天使投资投向初创期科技型企业给予一定比例的纳税抵扣优惠。

10.3 社会层面

社会组织(包括个体)是政策网络系统中的庞大群体,寄托着公共政策传导过程的多重身份叠加。它既是政策的实施者,也是政策扩散参与者,既扮演着政策效果(亦或称之为成败)评估者,也是政策终极受益者(直接受益或者间接受益)。具体在科技成果转化政策在高校传导系统中,社会组织涉及高校科技创新源头转化动力、企业科技成果转化活力和技术服务机构能力,可谓深刻影响着科技成果转化生态环境。本书通过研究分析,认为社会可以从如下几个方面支持与完善科技成果转化政策传导有效性。

10.3.1 加快新型研发机构混合所有制建设

新型研发机构是产学研合作的发力点。在产业化诉求的新型研发机构建设中,体制机制创新建设、孵化引进企业、集聚与培养高端人才是关注的重点。该功能内容基本形成了"应用基础研究→技术研发→成果转移转化→产业化应用→企业孵化育成"的成果转化扩散链条,新型研发机构也被形象地比喻为"老母鸡"式开放型平台。遵循"民办公助"的社团法人国际管理惯例模式,采用多法人制。按照企业化的管理模式,投管分离运营管理,实行理事会领导下的院、所长负责制。组建模式上,企业应积极探索创新研发模式,主动组织社会资本、政府、高校、科研人员等多元参与投资的以股权为纽带的混合所有制建设机制,注重以科研团队为主体,高校院所、地方平台、社会资本等各方参与的利益共同体。激励机制上,可以落实新型研发机构及其团队专利入股、股权投资等渠道,注重形成内生的创新激励机制。着重突出团队价值,将智力资本效益与企业的经济效益紧密挂钩。建立能力优先、多劳多得的项目股权激励机制,将科研人员薪资待遇、职称定级与个人表现和项目的进展挂钩,参股人员按其工作绩效获得相应的分红,形成良性积极的成果利益分配关系。

10.3.2 推行科技成果第三方评价行业标准

出成果是科技成果转化的先决条件。高质量技术成果产出就必然需要科技成果技术能级评价(国外运用 TRL 1~9 级)。换言之,科技成果第三方评价机制建设是开展无形资产价值评估的基础,它不仅为科技成果转让、投资提供智库决策依据[①],而且有助于科技成果的传播推广,提高供需对接效率。特别是在《事业单位国有资产管理暂行办法》(2019 年 4 月)新增"追责条款"后,高校对科技成果转化评价机制的依赖性不言而喻。《2019 政府工作报告》明确将"完善科技成果评价机制"列为政府重点工作任务之一。建议:政府主导的群团组织发挥行业协会引领性作用,加快完善现有技术市场评价机构资质标准化建设,净化行业发展环境,推行市场惩戒与退出机制。联合政产学研金用等各方力量,逐步建立并完善区域性的(省级或者市区级)的科技成果评价委员会,制定区域科技成果第三方评价行业标准与规范。充分吸收美国、德国等发达国家第三方评价机构建设的实践经验,立足中国(或者区域)科技创新发展实际情况,建立科技成果从筛选、评价、专利申请到市场策划与推广、供需对接、考察勘验、商业洽谈、签约与履约、融资等后续服务在内的全流程评价程序。完善科技成果评价基础,改变由单一领域或者少数专家成员会审评价,转而扩展到包括技术经理人、投资机构、相关领域权威专家等组成的高层次复合型团队综合评估。多方论证,突出科技成果转化评价机制建设的企业主体性、市场导向性,综合考虑需求用户评价、第三方独立评价与市场成长绩效评价,不断丰富科技成果评价维度,灵活运用多样的评判工具、方法,提高科技成果定性评价与定量评价的合理性、客观性,科学建立符合科技成果特质的成果转化评价体系。科协组织联合高校开展科技成果转化评价服务的专业化队伍建设,以定期或者不定期开展评价师的培训、考核与认证,培养一批具备专业化、高素质能力的评价师。

---

① 一般对科技成果的实用性、处于技术生命周期阶段(即技术创新性)、样机产业化流程可行性、配套资源的协同度、科技成果所处领域发展状态(即技术先进性)等五个方面进行评价。

10.3.3 孕育出技术转移专业化服务新模式

对于科技创新与成果转化全链条而言,科技成果转化对接机制牵动着技术供给与需求侧两端,这就要求健全专业化、组织化的技术转移服务体系。各市场经济主体可紧密围绕新出台的《技术转移服务规范》(GB/T 34670—2017),在技术开发、技术转让、技术咨询、技术评价、技术投融资、信息网络平台服务等七大服务领域抢占先机,成立"小、专、精"技术服务机构,不断探索技术转移服务的新模式。例如,在技术概念验证阶段,建议市场化经营主体聚焦特定产业领域,挖掘国内外高校院所最新成果,借助天使基金等金融支持,组建团队开展科技成果概念验证与深度开发,科技成果成熟度达到标准后,推动科技成果转化对接企业,获得市场收益。积极融入海外技术转移服务网络,聚焦国际化建设,布局国际技术转移渠道与网络,开展与国际知名技术转移服务机构、知名高校的深度合作,集聚国际创新创业资源,采取差异化战略、多元化筹建等方式,开发"转—投—孵—育"全流程技术转移体系,推动科技成果跨国孵化、许可,推动国内国际知名品牌众创空间建设。在校企建设专业化技术转移机构模式创新方面,借鉴北京大学"燕云"模式,发挥产业链条中龙头企业的关键性主体作用,长期投资参与产业关键技术的基础研究和专利成果转化,推动企校协同合作模式的创新与深化,实现在技术转移服务体系建设中的被动角色向主动参与和前沿引领角色的转变。

第11章

总结与展望

新时代,科技创新摆在经济社会发展的突出位置,经济发展新常态和供给侧结构性改革对科技成果转化提出更高的要求。如何挖掘高校科技创新资源这一"富矿"带动产业结构转型升级,加快科技创新供给体系建设是地方政府破解高质量发展和建设现代化产业体系面临的普遍难题。

本书从科技成果转化政策传导视角出发,围绕创新驱动发展战略大背景,基于利益相关者理论、多源流理论、协同创新理论等,对科技成果相关概念进行界定及阐释,综合运用内容分析法、CiteSpace可视化分析法、深度访谈及扎根理论研究方法,对在宁24所高校科技成果转化现状及基本问题进行系统描述性分析,指出科技成果转化政策在高校传导的"肠梗阻"问题确实客观存在。紧接着,通过对在宁24所高校的调研访谈进行分析,结合前人研究成果,对科技成果转化政策在高校传导的影响因素及传导路径进行了研究,构建出政策传导理论模型。这有效弥补了现有对科技成果转化政策传导的研究相对匮乏的情况,丰富了现有文献研究成果,并引入扎根理论这一系统化的理论方法,拓展了扎根理论适用领域。

11.1 主要研究结论

11.1.1 科技成果转化政策在高校传导的"肠梗阻"依然存在

虽然政府部门出台了系列科技成果转化相关法律、法规、规范、方案等,但在高校层面科技成果转化的现状仍不容乐观,高校服务国家战略需求、经济社会主战场、前沿科技领域研究的供给能力羸弱。经过对在宁24所高校科技成果转化现状的调研,发现问题主要集中在转移转化的动力供给、高等教育领域的改革力度、技术转移体系的健全程度、创新主体的承接能力等四个方面。例如,政策执行力度不足,政策还未真正"落地";激励与培养机制不健全,基层内生动力有待激发;财政依赖现象严重,创新创业潜能有待挖掘;高校理念使命的认知错位,服务经济主战场意识薄弱;中试环节建设滞后,专业化服务体系碎片化;成果转化基金短缺,风险担保机制尚不成熟;科技成果供需间脱节,产学研协同不够紧密;企业创新意识不强,承接基础和后续研发能力不足等。

11.1.2 影响科技成果转化政策在高校传导的因素复杂多样

显著影响科技成果转化政策在高校传导的主要因素有政策属性、决策偏好、内部管理、评价导向、外部支持和政策执行等。其中,政策属性由目标设置、政策结构和政策权威性构成;决策偏好由高校价值选择和个体行为动因构成;内部管理由激励策略和管理机制构成;评价导向由人才能力评价、项目申报与评审和学科评价机制构成;外部支持由开放环境氛围、投融资服务和区域城市环境构成。而这些因素均会对政策执行行为的选择产生影响,形成正常执行、象征性执行等行为策略。

11.1.3 从政策属性到政策执行间还存在一个传导过程

科技成果转化政策在高校传导阻滞的影响因素模型呈现出"使命指引(Mission Guidance)—动力供给(Power Supply)—螺旋推进(Strategy Promotion)—行为选择(Behavior Choice)"的四阶段传导作用机制。在这个传导过程中各要素、各环节间相互影响、相互作用,形成一个动态循环的过程。

11.1.4 在政策传导阶段中各主要因素交互作用

本书揭示了各主要影响因素对科技成果转化政策在高校传导阶段的直接影响及交互作用。其中,使命指引主要是由政策属性体现,是前牵引驱动因素,直接影响政策执行行为和政策效果;动力供给是由高校政策偏好和组织外部支持的驱动力供给产生作用;螺旋推进是由评价导向与内部管理的双因素形成推动作用;行为选择是指在上述的使命、动力、策略的作用下,传导执行者采取的正常或偏差等行为,其实质是利益相关者博弈作用合力的结果路径。

11.1.5 需加强政策认知协调并强化高校的主动行为

本书提出的传导路径模型得到了验证,高校行为完全中介作用的存在,证明了政府政策只有通过高校行为,将政策真正落到实处,才能起到促进科技成果转化的作用,如果高校行为缺失或存在不足,那么将影响政策传导到高校,从而出现政策失灵。要提升政府政策在高校的传导有效性,有必要将高校和政府对政策的认知协调一致,强化高校在科技成果转化环节中的主动行为,通过加强对科研一线教师的政策宣传,指导科技成果转化中政策的落实,结合本单位科研者的实际需求制定有效的、可操作的激励政策,将政府政策的积极作用有效传导至本单位科技成果转化实际中。

11.2 研究展望

在下一阶段研究中,本书会立足既有研究内容和研究结论,以破除高校科技成果转化若干症结为主线,以激活高校科技供给经济发展活力与动能为主旨,探索科技成果转化政策传导机制相关理论与实证渐趋丰富,为此,未来将重点展开如下方面:

(1) 通过开发测量量表进行大规模的大数据调查,对科技成果转化政策在高校的传导阻滞影响及传导作用机制模型开展高校科技成果转化政策影响因素的实证研究,用实证结论加以检验,以此更为精准地析出政策在高校场域传导的阻滞因素,促进政策传导 MPSB 理论模型的丰富和完善。

(2) 借助政策网络分析方法等,基于南京(或者是江苏省)各类高校科技成果转化政策的梳理,对基层高校场域相关科技成果转化政策的网络节点、网络关系等进行系统性量化分析,探究相关政策的关联性以及政策可能存在的盲点、偏差,推进政策的渐趋完善。

(3) 展开科技成果转化政策的区域性比较分析。在长三角一体化上升为国家战略背景下,长三角区域经济、文化和科技创新协同发展是必然。那么如何安排与调试长三角高校科技成果转化政策的协调性,才能解决区域联而不通、通而不密问题,为长三角科技资源流动提供良好的政策制度环境,这也是未来需要深入研究的拓展点。

参考文献

[1] 卢章平,王晓晶.基于内容分析法的科技成果转化政策研究[J].科技进步与对策,2013,30(11):98-103.

[2] 国家知识产权局.2019年中国专利调查报告[R].北京:知识产权出版社,2020:50-52.

[3] 刘娜娜,王效俐,韩海彬.高校科技创新与高技术产业创新耦合协调发展的时空特征及驱动机制研究[J].科学学与科学技术管理,2015,36(10):59-70.

[4] 国家统计局社会科技和文化产业统计司,科学技术部战略规划司.中国科技统计年鉴2019[M].北京:中国统计出版社,2019:6-8.

[5] 凯西·卡麦兹.建构扎根理论:质性研究实践指南[M].边国英,译.重庆:重庆大学出版社,2009.

[6] Glaser B G, Strauss A L. The discovery of grounded theory: strategies for qualitative research[M]. Chicago: Aldine Pub. Co, 1967.

[7] 贺德方.对科技成果及科技成果转化若干基本概念的辨析与思考[J].中国软科学,2011(11):1-7.

[8] 吕耀平,吴寿仁,劳沈颖,等.我国科技成果转化的障碍与对策探讨[J].中国科技论坛,2007(4):32-35.

[9] 柳岸.我国科技成果转化的三螺旋模式研究:以中国科学院为例[J].科学学研究,2011,29(8):1129-1134.

[10] 刘家树,菅利荣.科技成果转化效率测度与影响因素分析[J].科技进步与对策,2010,27(20):113-116.

[11] 杜宝贵,张焕涛.基于"三维"视角的中国科技成果转化政策体系分析[J].科学学与科学技术管理,2018,39(9):36-49.

[12] John G. Gurley, Shaw E S. Financial aspects of economicdevelopment[J]. American Economic Review, 1955, 45: 515-533.

[13] Hellmann T, Murdock K, Stiglitz J. Financial restraint: toward a new paradigm[M]//The Role of Government in East Asian Economic Development.

Oxford University PressOxford,1998:163-207.

[14] McKinnon R I. Money and capital in economic development[M]. Washington: Brookings Institution:1973.

[15] Keynes J M. The general theory of employment, interest and money[M]. United Kingdom: Palgrave Macmillan,1936.

[16] Hodgman D R. Credit risk and credit rationing[J]. The Quarterly Journal of Economics,1960,74(2):258-278.

[17] 马骏,施康,王红林,等.利率传导机制的动态研究[J].金融研究,2016(1):31-49.

[18] 李香菊,赵娜.税收竞争对环境污染的影响及传导机制分析[J].中国人口·资源与环境,2017,27(6):163-170.

[19] 崔莹莹,陈可石,高庆浩.房价上涨的创新抑制效应及其传导机制[J].城市问题,2018(10):4-11.

[20] 熊艳,李常青,魏志华.媒体"轰动效应":传导机制、经济后果与声誉惩戒:基于"霸王事件"的案例研究[J].管理世界,2011(10):125-140.

[21] 易朝辉,张承龙.科技型小微企业绩效提升的跨层次传导机制:基于大别山地区的多案例研究[J].南开管理评论,2018,21(4):26-38.

[22] 曾裕峰,简志宏,彭伟.中国金融业不同板块间风险传导的非对称性研究:基于非对称MVMQ-CAViaR模型的实证分析[J].中国管理科学,2017,25(8):58-67.

[23] Fleming J. Domestic financial policies under fixed and under floating exchange rates[J]. IMF Economic Review,1962,9(3):369-380.

[24] Bernanke B, Gertler M. Agency costs, net worth, and business fluctuations[J]. The American Economic Review,1989,79(1):14-31.

[25] Stiglitz J E, Weiss A. Credit rationing in markets with imperfect information[J]. The American Economic Review,1981,71(3):393-410.

[26] Christiano L, Eichenbaum M, Evans C. Nominal rigidities and the dynamic effects of a shock to monetary policy[J]. Journal of Political Economy,2005,113(1):1-45.

[27] Fry M J. Money and capital or financial deepening in economic development?[J]. Journal of Money, Credit and Banking,1978,10(4):464.

[28] Wissema W, Dellink R. AGE analysis of the impact of a carbon energy tax on the Irish economy[J]. Ecological Economics,2007,61(4):671-683.

[29] Wu Xiaoli. On the Dynamic Effect of Environmental Protection Technology,

Energy Saving and Emissions Reduction Policy on Ecological Environmental Quality and Transmission Mechanism: Simulation Analysis Based on Three-sector DSGE Model[J]. Chinese Journal of Management Science,2017,25(12):88-98.

[30] Yan, Dang. Knowledge mapping for rapidly evolving domains: A design science approach[J]. Decision Support Systems,2011,50(2):415-427.

[31] Mu J F, Tang F C, MacLachlan D L. Absorptive and disseminative capacity: Knowledge transfer in intra-organization networks[J]. Expert Systems with Applications,2010,37(1):31-38.

[32] Michael D, Santoro. The institutionalization of knowledge transfer activities within industry-university collaborative ventures[J]. Journal of Engineering and Technology Management,2000,17(3/4):299-319.

[33] 李玥,刘希宋.科技成果转化与知识管理的耦合关系研究[J].图书情报工作,2011,55(8):117-120.

[34] 刘希宋,姜树凯,喻登科.国防工业科技成果转化实施知识管理的组织模式研究[J].科技进步与对策,2008,25(7):179-182.

[35] 刘希宋,李玥,喻登科.基于多视角的国防工业科技成果价值评估研究[J].科学学与科学技术管理,2007,28(10):31-35.

[36] 于淳馨,陈红喜,张丽丽,等.高校技术转移现状的评价分析:基于江苏31所高校数据的实证研究[J].科技管理研究,2017,37(18):70-76.

[37] 姜春,陈红喜,罗利华,等.科技成果转化政策在高校的传导阻滞与反阻滞:基于在宁24所高校的扎根情报[J].情报杂志,2018,37(6):197-207.

[38] 曹霞,喻登科.科技成果转化知识管理绩效评价体系的构建[J].科技进步与对策,2010,27(17):128-131.

[39] 喻登科.科技成果转化知识管理绩效的模糊积分评价[J].情报杂志,2009,28(7):61-64.

[40] 郭英远,张胜.科技人员参与科技成果转化收益分配的激励机制研究[J].科学学与科学技术管理,2015,36(7):146-154.

[41] 郭英远,张胜,杜垚垚.高校职务科技成果转化权利配置研究:基于美国常青藤大学的实证研究[J].科学学与科学技术管理,2018,39(4):18-34.

[42] 张胜,郭英远,张岭,等.发明人主导职务成果转化机制的实证研究:以甲醇制取低碳烯烃成果转化为例[J].科研管理,2016,37(4):110-117.

[43] 尹航.基于BP神经网络的科技成果转化项目技术经济可行性评价研究[J].科学学与科学技术管理,2008,29(5):99-106.

[44] 尹航,孙希波,傅毓维.基于熵值法确权的科技成果转化项目后评价研究

[J].科学学与科学技术管理,2007,28(10):20-25.

[45] 杜蓉,姜树凯.基于模糊积分的科技成果转化风险的评价研究[J].科技管理研究,2008,28(10):55-56.

[46] 陈斐,康松,康涛.试论我国农业科技成果转化的问题和对策[J].科研管理,2004,25(1):23-28.

[47] 刘希宋,李玥,喻登科.国防工业科技成果转化知识对接模式及实施路径[J].情报理论与实践,2009,32(3):56-59.

[48] 郭强,夏向阳,赵莉.高校科技成果转化影响因素及对策研究[J].科技进步与对策,2012,29(6):151-153.

[49] 陈伟,康鑫,冯志军,等.基于 GEM-DEA 模型的区域高技术企业科技成果转化效率评价研究[J].软科学,2011,25(4):23-26.

[50] 梁树广.高校科技成果转化效率的区域差异及其影响因素分析[J].统计与决策,2018,34(12):86-89.

[51] 石善冲.科技成果转化评价指标体系研究[J].科学学与科学技术管理,2003,24(6):31-33.

[52] 柴国荣,许崇美,闵宗陶.科技成果转化评价指标体系设计及应用研究[J].软科学,2010,24(2):1-5.

[53] 李文亮,许正中,王直节.中国区域科技成果转化效率的实证研究:基于三阶段 DEA 模型[J].管理现代化,2014,34(3):114-116.

[54] 吴翌琳,谷彬.科技与资本"联姻":科技成果转化的金融服务体系研究[J].科学管理研究,2013,31(4):109-112.

[55] Chen C M, Chen Y N, Maulitz R C. Understanding the evolution of NSAID: a knowledge domain visualization approach to evidence-based medicine[C]//Ninth International Conference on Information Visualisation (IV'05). July 6-8, 2005, London, UK. IEEE, 2005: 945-952.

[56] Guerrero M, Urbano D, Fayolle A, et al. Entrepreneurial universities: Emerging models in the new social and economic landscape[J]. Small Business Economics, 2016, 47(3): 551-563.

[57] Huyghe A, Knockaert M. The influence of organizational culture and climate on entrepreneurial intentions among research scientists[J]. The Journal of Technology Transfer, 2015, 40(1): 138-160.

[58] Sam C, van der Sijde P. Understanding the concept of the entrepreneurial university from the perspective of higher education models[J]. Higher Education, 2014, 68(6): 891-908.

[59] Smith H L, Chapman D, Wood P, et al. Entrepreneurial academics and regional innovation systems: The case of spin-offs from london's universities[J]. Environment and Planning C: Government and Policy, 2014, 32(2): 341-359.

[60] Savva N, Taneri N. The role of equity, royalty and fixed fees in technology licensing to university spin offs[J]. Management Science, 2015, 61(6): 1323-1343.

[61] Rasmussen E, Mosey S, Wright M. The transformation of network ties to develop entrepreneurial competencies for university spin-offs[J]. Entrepreneurship & Regional Development, 2015, 27(7/8): 430-457.

[62] 陈红喜,姜春,袁瑜,等.基于新巴斯德象限的新型研发机构科技成果转移转化模式研究:以江苏省产业技术研究院为例[J].科技进步与对策,2018,35(11):36-45.

[63] 陈红喜,姜春,罗利华,等.新型研发机构成果转化扩散绩效评价体系设计[J].情报杂志,2018,37(8):162-171,113.

[64] J Amankwah-Amoah The evolution of science, technology and innovation policies: A review of the Ghanaian experience[J]. Technological Forecasting and Social Change, 2016, 110: 134-142.

[65] 肖国芳,李建强.改革开放以来中国技术转移政策演变趋势、问题与启示[J].科技进步与对策,2015,32(6):115-119.

[66] 杜伟锦,宋园,李靖,等.科技成果转化政策演进及区域差异分析:以京津冀和长三角为例[J].科学学与科学技术管理,2017,38(2):3-11.

[67] 张永安,闫瑾.基于文本挖掘的科技成果转化政策内部结构关系与宏观布局研究[J].情报杂志,2016,35(2):44-49.

[68] 赵捷,邱晓燕,张杰军.关于落实促进科技成果转化政策的若干思考[J].中国科技论坛,2010(12):10-14.

[69] 杜海平.我国高校科技成果转化研究:政策的视角[J].教育发展研究,2015,35(Z1):50-55.

[70] Hicks J R. Mr. Keynes and the "classics"; A suggested interpretation[J]. Econometrica, 1937, 5(2): 147.

[71] Bernanke B, Gertler M. Agency costs, net worth, and business fluctuations[J]. The American Economic Review, 1989, 79(1): 14-31.

[72] Friedman M. The quantity theory of money: A restatement[M]//Friedman M. Studies in the quantity theory of money. University of Chicago Press, 1956.

[73] Jeffrey L Pressman, Aaron B. Wildavsky. Implementation: How Great

Expectations in Washington Are Dashed in Oakland[M]. Berkeley Cal: University of California Press, 1973.

[74] 丁煌. 我国现阶段政策执行阻滞及其防治对策的制度分析[J]. 政治学研究,2002(1):28-39.

[75] 钱再见,金太军. 公共政策执行主体与公共政策执行"中梗阻"现象[J]. 中国行政管理,2002(2):56-57.

[76] 贾旭东,何光远,陈佳莉,等. 基于"扎根精神"的管理创新与国际化路径研究[J]. 管理学报,2018,15(1):11-19.

[77] 刘磊,刘立,王晶金. 供给侧改革视域下我国科技成果转化政策体系建设[J]. 全球科技经济瞭望,2016,31(8):16-20.

[78] 黄萃. 政策文献量化研究[M]. 北京:科学出版社,2016.

[79] 苏竣. 公共科技政策导论[M]. 北京:科学出版社,2014.

[80] 刘立. 科技政策学研究[M]. 北京:北京大学出版社,2011.

[81] 党亚茹,王莉亚. 中国省区间合作分布研究[J]. 科研管理,2009,30(S1):155-159.

[82] 马彦民. 自主创新战略中的技术市场发展问题[J]. 中国新技术新产品,2006(1):4-6.

[83] 刘军. 社会网络分析导论[M]. 北京:社会科学文献出版社,2004.

[84] 赵修卫. 现代科技创新政策发展的四个特点[J]. 科学学研究,2006,24(6):895-900.

[85] 李建志. 论地方政府推进科技创新政策执行对策[J]. 科技成果纵横,2010(3):33-35.

[86] 张殿军. 关于促进科技成果转化的思考[J]. 求知,2000(1):9-11.

[87] 崔禄春. 建国以来中国共产党的科技政策研究[D]. 北京:中共中央党校,2000.

[88] 刘凤朝,孙玉涛. 我国科技政策向创新政策演变的过程、趋势与建议:基于我国289项创新政策的实证分析[J]. 中国软科学,2007(5):34-42.

[89] 赵捷,邸晓燕,张杰军. 关于落实促进科技成果转化政策的若干思考[J]. 中国科技论坛,2010(12):10-14.

[90] 马彦民. 自主创新战略中的技术市场发展问题[J]. 中国新技术新产品,2006(1):4-6.

[91] 李燕萍,吴绍棠,郜斐,等. 改革开放以来我国科研经费管理政策的变迁、评介与走向:基于政策文本的内容分析[J]. 科学学研究,2009,27(10):1441-1447.

[92] 郑代良,钟书华. 1978—2008:中国高新技术政策文本的定量分析[J]. 科

学学与科学技术管理,2010,31(4):176-181.

[93] 彭纪生,仲为国,孙文祥.政策测量、政策协同演变与经济绩效:基于创新政策的实证研究[J].管理世界,2008(9):25-36.

[94] 彭纪生,孙文祥,仲为国.中国技术创新政策演变与绩效实证研究(1978—2006)[J].科研管理,2008,29(4):134-150.

[95] 仲为国,彭纪生,孙文祥.政策测量、政策协同与技术绩效:基于中国创新政策的实证研究(1978—2006)[J].科学学与科学技术管理,2009,30(3):54-60.

[96] 卢章平,王晓晶.国家和地方科技成果转化政策对比分析[J].图书情报工作,2012,56(24):83-88.

[97] Chaminade C, Padilla-Pérez R. The challenge of alignment and barriers for the design and implementation of science, technology and innovation policies for innovation systems in developing countries[M] //Research Handbook on Innovation Governance for Emerging Economies. Chapter, in: Stefan Kuhlmann & Gonzalo Ordóñez-Matamoros (Ed.), Research Handbook on Innovation Govermance for Emerging Economies, Edward Elgr Publishing, 2017.

[98] Miao Y. Research on Evaluation of 10-Year Science and Technology Innovation Policy Effect in Liaoning Province[J]. Theory Horizon, 2016.

[99] 周开权.科技创新和技术进步对于我国产业结构转型升级的作用研究[J].轻工科技,2015,31(5):128-129.

[100] 张敏.科技创新促进产业结构升级的思考[J].合作经济与科技,2015(17):37-38.

[101] 童毛弟,童业冬.金融深化、科技创新对产业结构升级的影响研究:基于江苏省1984—2013年的数据[J].求索,2015(9):88-91.

[102] 陈皓,郑垂勇.论政府科技投入与区域产业结构的协整性[J].求索,2013(2):217-220.

[103] 张积林.科技创新投入与经济增长的动态机制研究[J].技术经济与管理研究,2013(3):35-39.

[104] 李庆.科技创新政策的转移、转移网络和竞争力研究:以国家自主创新示范区为例[D].合肥:中国科学技术大学,2017.

[105] 张华伦.知识流动视角下科技政策绩效评价研究[D].合肥:中国科学技术大学,2014.

[106] 林芳芳,赵辉.政策视角下我国科技成果转化效率研究[J].情报杂志,2016,35(10):86-90.

[107] 张俊芳,郭戎.我国科技成果转化的现状分析及政策建议[J].中国软科

学,2010(S2):137-141.

[108] 丁明磊,刘彦蕊.南京和武汉探索促进科技成果转化的实践及政策启示[J].科学管理研究,2014,32(2):55-58.

[109] 王霞,郭兵,苏林.基于内容分析法的上海市科技政策演进分析[J].科技进步与对策,2012,29(23):104-107.

[110] 苏敬勤,李晓昂,许昕傲.基于内容分析法的国家和地方科技创新政策构成对比分析[J].科学学与科学技术管理,2012,33(6):15-21.

[111] 罗茜,高蓉蓉,曹丽娜.高校科技成果转化效率测度分析与影响因素扎根研究:以江苏省为例[J].科技进步与对策,2018,35(5):43-51.

[112] Langford C H, Hall J, Josty P, et al. Indicators and outcomes of Canadian university research: Proxies becoming goals? [J]. Research Policy, 2006, 35(10): 1586-1598.

[113] 周宏.基于BP神经网络的高校科技成果转化的综合评价[J].统计与决策,2009(17):79-81.

[114] 阎为民,周飞跃.高校科技成果转化绩效模糊评价方法研究[J].研究与发展管理,2006,18(6):129-133.

[115] Arundel A, Bordoy C. Developing internationally comparable indicators for the commercialization of publicly-funded research[R]. UNU MERIT, 2016.

[116] 郭俊华,徐倪妮.中国高校科技成果转化能力评价及聚类分析[J].情报杂志,2016,35(12):155-161.

[117] 柴国荣,许崇美,闵宗陶.科技成果转化评价指标体系设计及应用研究[J].软科学,2010,24(2):1-5.

[118] 张明喜,郭戎.从科技成果转化率到转化效率:指标体系设计与实证分析[J].软科学,2013,27(12):85-89.

[119] 石善冲.科技成果转化评价指标体系研究[J].科学学与科学技术管理,2003,24(6):30-33.

[120] 张平,黄贤涛.高校专利技术转化体系构建和评价标准研究[J].中国高教研究,2011(12):41-45.

[121] 熊鸿儒.我国科研部门成果转化效率的测算与评价:基于价值导向的国际比较[J].学习与探索,2019(2):114-120.

[122] 贺东航,孔繁斌.公共政策执行的中国经验[J].中国社会科学,2011(5):61-79,220-221.

[123] Maddox R N. Two-factor theory and consumer satisfaction: Replication and extension[J]. Journal of Consumer Research, 1981, 8(1): 97-102.

[124] Arroyo-Vázquez M, van der Sijde P, Jiménez-Sáez F. Innovative and creative entrepreneurship support services at universities[J]. Service Business, 2010, 4(1): 63-76.

[125] 李家华,卢旭东. 把创新创业教育融入高校人才培养体系[J]. 中国高等教育,2010(12):9-11.

[126] Duncan R B. Characteristics of organizational environments and perceived environmental uncertainty[J]. Administrative Science Quarterly, 1972, 17(3): 313.

[127] Wan W P, Yiu D W. From crisis to opportunity: Environmental jolt, corporate acquisitions, and firm performance[J]. Strategic Management Journal, 2009, 30(7): 791-801.

[128] Sandberg W R. New venture performance: the role of strategy and industry structure[M]. Lexington, Mass.: Lexington Books, 1986.

[129] Chrisman J J, Bauerschmidt A, Hofer C W. The determinants of new venture performance: An extended model[J]. Entrepreneurship Theory and Practice, 1998, 23(1): 5-29.

[130] Shepherd D, Wiklund J. Are we comparing apples with apples or apples with oranges? appropriateness of knowledge accumulation across growth studies[J]. Entrepreneurship Theory and Practice, 2009, 33(1): 105-123.

[131] 陈红喜,姜春,罗利华,等. 改革开放40年产业科技创新动态演进的"深圳模式"[J]. 科技进步与对策,2018,35(24):46-55.

[132] Charmaz K. Constructing grounded theory: a practical guide through qualitative analysis[M]. London: SAGE, 2006.

[133] Laing R M, Wilson C A, Niven B E. Design and analysis in textile research[M]//Performance Testing of Textiles. Amsterdam: Elsevier, 2016: 3-22.

[134] M Q Patton. Qualitative research and evaluation methods. London: Sage Publications[M]. London: Sage publications, 2001.

[135] Elizabeth J., Wilson. Partnering relationship activities: Building theory from case study research[J]. Journal of Business Research, 1997, 39(1): 59-70.

[136] Qu Sandy. The qualitative research interview[J]. Qualitative Research in Accounting & Management, 2011, 8(3): 238-264.

[137] 徐建平,张厚粲. 质性研究中编码者信度的多种方法考察[J]. 心理科学,2005,28(6):152-154.

[138] 沈坤荣,曹扬. 以创新驱动提升经济增长质量[J]. 江苏社会科学,2017(2):50-55.

[139] 刘云. 安徽省科技成果转化绩效评价研究[D]. 合肥:合肥工业大学,2013.

[140] 汪丽,茅宁,龙静. 管理者决策偏好、环境不确定性与创新强度:基于中国企业的实证研究[J]. 科学学研究,2012,30(7):1101-1109.

[141] 刘丽文,黄燃东. 我国企业实施 ERP 的外部环境及其风险分析[J]. 中国软科学,2002(3):45-49.

[142] 胡弼成. 论高校内部管理体制改革的症结[J]. 高等教育研究,2000,21(5):26-28.

[143] 刘振彪,陈晓红. 企业家创新投资决策的进化博弈分析[J]. 管理工程学报,2005,19(1):56-59.

[144] 刘先涛,豆旺. 企业社会责任与政府监管进化博弈模型研究[J]. 技术经济与管理研究,2014(8):3-6.

[145] Erwin, Amann,. On the stability of evolutionary dynamics in games with incomplete information[J]. Mathematical Social Sciences,2009,58(3):310-321.

[146] 冯·诺伊曼(John Von Neumann),摩根斯顿(Oskar Morgenstern). 博弈论与经济行为[M]. 三联书店,2004.

[147] 李莉. 基于合作博弈的行政监督实效提升对策研究[D]. 湘潭:湘潭大学,2014.

[148] 陈毅. 基于政策的中央与地方政府间合作博弈分析:一种博弈分析的视角[J]. 同济大学学报(社会科学版),2010,32(3):104-109.

[149] 南音. 国家政策与社团实践:合作博弈视角下中国篮协改革发展问题研究[J]. 成都体育学院学报,2017,43(4):34-38.

[150] 方劲. 合作博弈:乡村贫困治理中政府与社会组织的互动关系:基于社会互构论的阐释[J]. 华中农业大学学报(社会科学版),2018(3):100-107.

[151] 穆晓. 社会治理新常态下体育社团与政府关系的理论探讨:基于合作博弈理论的视角[J]. 西安体育学院学报,2016,33(5):560-564.

[152] 李占一. 合作博弈视角下的国际环境治理合作:以莱茵河为例[J]. 系统工程,2015,33(5):142-146.

[153] 付传君,杨昌明. 基于合作博弈策略的矿产资源开发整合研究[J]. 中国矿业,2011,20(5):27-30.

[154] 陈桂生. 环境治理悖论中的地方政府与公民社会:一个智猪博弈的模型[J]. 四川大学学报(哲学社会科学版),2019(2):85-93.

[155] 常旭华,刘永千,刘笑,等. 区域科技成果转化政策目标体系与评估:基

于上海数据的研究[J]. 中国科技论坛,2018(9):58-68.

[156] 赵慈拉. 合作博弈机制:央行货币政策操作有效性的基础[J]. 上海金融,2009(1):43-47.

[157] Schultheiss O C, Brunstein J C. Assessment of implicit motives with a research version of the TAT: Picture profiles, gender differences, and relations to other personality measures[J]. Journal of Personality Assessment, 2001, 77(1): 71-86.

[158] Chandler A D. Strategy and structure: chapters in the history of the American industrial enterprise[M]. Garden City, N. Y.: Doubleday, 1966, c1962

[159] 丁煌. 监督"虚脱":妨碍政策有效执行的重要因素[J]. 武汉大学学报(哲学社会科学版),2002,55(2):209-214.

[160] 汪丽,茅宁,龙静. 管理者决策偏好、环境不确定性与创新强度:基于中国企业的实证研究[J]. 科学学研究,2012,30(7):1101-1109.

[161] 刘丽文,黄燃东. 我国企业实施ERP的外部环境及其风险分析[J]. 中国软科学,2002(3):46-50.

[162] 胡弼成. 论高校内部管理体制改革的症结[J]. 高等教育研究,2000,21(5):26-28.

[163] Dewey J. Valuation and experimental knowledge[J]. The Philosophical Review, 1922, 31(4): 325.

[164] 孙德升,刘峰,陈志. 高校科技成果转化的ISCP范式分析[J]. 中国科技论坛,2017(3):142-148.

[165] 陶娜,郭英远,张胜. 基于利益相关者理论的高校科技成果转化机制研究[J]. 科技管理研究,2018,38(21):138-144.

[166] 唐五湘. 科技成果转化绩效评价指标体系的比较分析[J]. 工业技术经济,2017,36(1):61-67.

[167] 蔡跃洲. 科技成果转化的内涵边界与统计测度[J]. 科学学研究,2015,33(1):37-44.

[168] 何彬,范硕. 中国大学科技成果转化效率演变与影响因素:基于Bootstrap-DEA方法和面板Tobit模型的分析[J]. 科学学与科学技术管理,2013,34(10):85-94.

[169] 王斌. 中国高技术产业科技成果转化驱动因素研究[D]. 南京:南京航空航天大学,2016.

附　录

附录1　我国科技成果转化政策体系框架

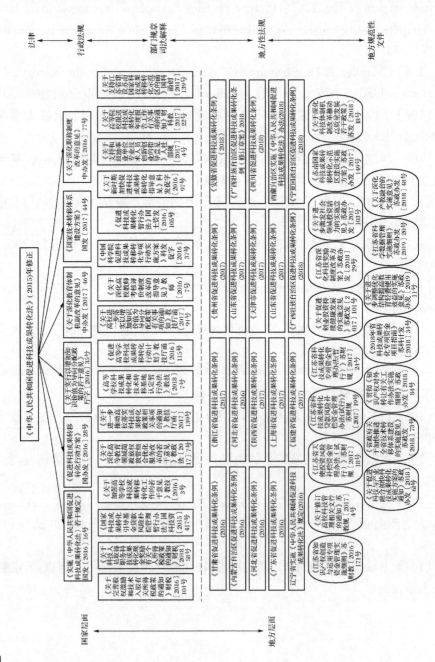

附录 2　科技成果转化调查问卷

尊敬的专家：

您好！

为了解科技成果转化现状及存在的问题以提出相关建议，我们就科技成果转化开展调查，非常荣幸地邀请您作为科技创新理论与实务领域的代表接受此次调查。本次调查采取匿名方式。我们将对您的回答严格保密，所有调查数据仅用于汇总统计，不涉及个案分析，请结合您的实际情况放心如实回答。为保证问卷质量，建议由贵单位从事财务和科研工作的人员共同填写。

对您的配合表示衷心的感谢！

一、基本信息

1. 单位名称：_____

2. 您所在的单位性质属于：

（1）中央级（部委属）院校　　　　　　（2）地方（省属、市属）院校

（3）其他（请具体说明）_____

3. 您所在的城市：_____

二、科技成果转化政策实施状况

4. 贵单位已了解下列哪些促进科技成果转化新政策文件（可多选）：

（1）《中华人民共和国促进科技成果转化法》（2015年修正）

（2）《实施〈中华人民共和国促进科技成果转化法〉若干规定》（国发〔2016〕16号）

（3）《促进科技成果转移转化行动方案》（国办发〔2016〕28号）

（4）《教育部 科技部关于加强高等学校科技成果转移转化工作的若干意见》（教技〔2016〕3号）

（5）《中国科学院关于新时期加快促进科技成果转移转化指导意见》（科发促字〔2016〕97号）

（6）农业、卫生计生、国土资源、国防科工等重点行业出台的相关政策文件

（7）上述都不了解

5. 贵单位管理层对科技成果转化的重视程度如何？　　　　　（　）
(1) 非常重视　　　(2) 比较重视　　　(3) 一般　　　(4) 不太重视
(5) 很不重视
6. 贵单位是否建立了促进科技成果转化的内部管理制度：
(1) 是(请具体列出相关文件名称、时间)：＿＿＿＿＿＿＿＿＿＿＿＿＿＿
(2) 否
7. 贵单位是否设立了促进科技成果转化的专门部门：
(1) 设立了专门部门和专职人员
(2) 尚未设立专门部门,但有专职人员
(3) 既未设立专门部门,也无专职人员
8. 贵单位现行的科技成果定价方式(可多选,并请按频度从高到低排序)：
＿＿＿＿＿＿＿＿＿＿＿＿＿＿＿＿＿＿＿＿＿＿＿＿＿＿＿＿＿＿＿＿＿
(1) 协议定价　　　　　　　(2) 在技术交易市场挂牌交易
(3) 拍卖　　　　　　　　　(4) 其他(请具体指出)：＿＿＿＿＿＿＿
9. 下列促进科技成果转化的政策措施哪些已开始在本单位落实：(可多选)
(1) 国家设立的高等院校对其持有的科技成果,可以自主决定转让、许可或者作价投资(下放科技成果处置权、使用权,不用审批和备案)
(2) 国家设立的高等院校转化科技成果获得的收入全部留归单位(将转化收益权下放给单位,不用上缴国库)
(3) 在研究开发和科技成果转化中做出主要贡献的人员,获得奖励的份额不低于奖励总额的 50%
(4) 科技成果转化奖励、报酬不受当年本单位工资总额限制
(5) 科技成果转化过程中,通过技术交易市场挂牌交易、拍卖等方式确定价格的,或者通过协议定价并在本单位及技术交易市场公示拟交易价格的,单位领导在履行勤勉尽责义务、没有牟取非法利益的前提下,免除其在科技成果定价中因科技成果转化后续价值变化产生的决策责任
(6) 上述都尚未落实
10. 贵单位制定的利益分配机制对促进科技成果转化激励效果如何？（　）
(1) 非常强　　　(2) 比较强　　　(3) 一般　　　(4) 比较弱
(5) 很弱
11. 贵单位对促进科技成果转化的相关法律法规、政策规章的激励作用如何？
　　　　　　　　　　　　　　　　　　　　　　　　　　　　　（　）
(1) 非常强　　　(2) 比较强　　　(3) 一般　　　(4) 比较弱
(5) 很弱

12. 贵单位认为现行的促进科技成果转化政策落实中主要存在哪些问题(可多选,并请按紧迫性从高到低排序):
   (1) 缺少本单位落实的内部制度　　(2) 政策操作程序烦琐
   (3) 缺乏针对性的政策宣传辅导　　(4) 容错免责机制尚未真正建立
   (5) 相关法律法规还不完善　　　　(6) 成果转化服务体系不健全
   (7) 其他问题(请具体说明):_____

三、科技成果转化状况

13. 贵单位科技成果市场转化收入主要来源于以下哪几种形式(可多选,并请按频度从高到低排序)?_____
   (1) 研发合作　　(2) 技术转让　　(3) 技术许可　　(4) 作价投资
   (5) 其他(请注明):_____

14. 贵单位科技成果转化主要采取以下哪种模式?(可多选,并请按频度从高到底排序)_____
   (1) 自行转化模式　　　　(2) 技术转让模式
   (3) 技术入股转化模式　　(4) 产学研合作转化模式
   (5) 创业服务中心模式　　(6) 政府主导转化模式
   (7) 其他(请注明):_____

15. 贵单位科技成果转化主要从以下哪些源头中产生?(可多选,并请按频度从高到低排序)　　　　　　　　　　　　　　　　　　　　　　　(　　)
   (1) 自有研究中产生　　　　(2) 市场或企业需求中产生
   (3) 国家、产业需求中产生　(4) 人才培养需求中产生
   (5) 其他(请注明):_____

16. 政府等对科技成果转化的投资力度如何?　　　　　　　　(　　)
   (1) 非常强　　(2) 比较强　　(3) 一般　　(4) 比较弱
   (5) 很弱

17. 贵单位科研人员关于科技转化的意识主动性如何?　　　　(　　)
   (1) 非常强　　(2) 比较强　　(3) 一般　　(4) 比较弱
   (5) 很弱

18. 贵单位投入在基础研究、应用研究和试验发展间的经费比例如何?(　　)
   (1) 非常合理　(2) 比较合理　(3) 一般　　(4) 不太合理
   (5) 不合理

19. 目前市场上专业科技成果转化中介机构的数量如何?　　　(　　)
   (1) 非常多　　(2) 比较多　　(3) 一般　　(4) 比较少
   (5) 很少

20. 现有中介机构在科技成果转化供需对接上发挥的作用如何？　　（　　）
　　（1）非常好　　　（2）比较好　　　（3）一般　　　（4）比较差
　　（5）很差

21. 企业对科技成果转化的需求是否旺盛？　　　　　　　　　（　　）
　　（1）非常旺盛　　（2）比较旺盛　　（3）一般　　　（4）不太旺盛
　　（5）很不旺盛

22. 金融机构或风险投资机构等对科技成果转化的投资力度如何？（　　）
　　（1）非常强　　　（2）比较强　　　（3）一般　　　（4）比较弱
　　（5）很弱

23. 现有科技风险补偿机制完善性如何？　　　　　　　　　　（　　）
　　（1）非常好　　　（2）比较好　　　（3）一般　　　（4）比较差
　　（5）很差

24. 您所了解的科技成果转化信息主要是通过哪些渠道获得的？（可多选，并请按频度从高到低排序）　　　　　　　　　　　　　　　　（　　）
　　（1）本单位相关机构　　　　　　（2）社会上的中介机构
　　（3）政府信息平台　　　　　　　（4）自己通过互联网等媒体查询
　　（5）企业直接对接　　　　　　　（6）其他（请注明）：_____

四、科技成果转化意见和建议

25. 贵单位认为当前促进科技成果转化方面还存在哪些政策盲点、堵点？
　　_____

26. 您对进一步做好促进科技成果转化相关政策落实工作有哪些意见和建议？
　　_____

后 记

笔者在高校从事教学、科研及相关管理工作,并承担了一些和科技创新政策制定相关的社会工作,在科技创新管理领域展开了较长时间的研究,主持了多项相关国家级课题。在工作和课题研究的过程中,笔者一直在思考这样一个问题:国家对科技成果转化非常重视,也出台了许多鼓励性的政策,为何高校科研人员受到的激励没有预期的强呢?为此,笔者和政府、企业、高校的相关人员进行了深入交流,把研究视角落在科技成果转化政策在高校的传导机制上,只有畅通传导机制,才能使政策有效落地,从而实现政策设定的目标。

然而,从构思这一问题的研究设计、形成研究框架、开展调研、分专题撰写研究内容,到最终以一部专著的形式来发表研究成果的两年多的时间里,也深感困难重重,挑战很大。首先,科技成果转化尤其是高校的科技成果转化在中国情境下有其独特的内涵,相比国外的模式政策性更强,因此检索合适的外文文献作为参考难度较大。其次,本书与大多数学者研究政策传导的"自上而下"思维迥异,以政策传导的"自下而上"视角,从基层高校来审视科技成果转化政策传导的实然状态。由于这一研究视角较新,一些学术概念可能存在争议,相关数据获取也比较困难,因此本书中提出的一些观点是一些探索性的思考,形成的仅是对这一问题的阶段性研究成果,后面笔者还将继续向纵深推进对这一问题的研究。

再次向专著撰写中给予帮助的学术同仁、朋友表示感谢!